탕계통신 蕩界通信

이경수 시집

탕게통신 蕩界通信

글쓴이 / 이경수
펴낸이 / 孫貞順
펴낸곳 / 도서출판 작가

1판 1쇄 / 2006년 11월 17일

서울 서대문구 북아현3동 1-1278
전화 / 365-8111~2
팩시밀리 / 365-8110
E-mail / morebook@morebook.co.kr
http://www.morebook.co.kr
등록번호 / 제2-2264호(1996.10.24)

ⓒ이경수
ISBN 89-89251-54-0

* 잘못된 책은 구입하신 서점에서 바꾸어 드립니다.
* 지은이와의 협의하에 인지를 붙이지 않습니다.

값 9,000원

탕계통신 蕩界通信

이경수 시집

작가

| 책머리에 |

　아우가 홀연 먼저 가버렸다. 아버지의 모습마저 기억하지 못하고 자랐으며, 이름마저 어린 내가 지었던 아우다. 어릴 때부터 총명해 각별히 아끼고, 마음속으로는 늘 자랑스러워했으나 그런 내색을 별로 하지 않았던 게 지금 생각하면 너무 안타깝고 가슴 아프다.
　안 그런 것 같아도 아우는 외로움을 많이 탔다. 이 세상을 살면서 목마른 것도 한두 가지가 아니었다. 마음에 들지 않는 건 못 견뎌하기도 했다. 조심하고 노력했으면 안 그럴 수 있었는데 끝내 이 불편한 세상, 꿈이 겉돌기만 하던 세상을 버리고 말았다.
　부산에서 눈을 감은 그를 태운 차를 인도하면서 대구 계산성당 영안실을 향해 차를 몰고 오면서는 앞이 잘 보이지 않아 몇 번이나 심하게 비틀거렸다. 쓰러질 뻔했다. 몇날 며칠 남이 안 보이는 데서 울었다. 그렇게 서러웠다.
　아우의 가족에게는 늘 미안한 마음이었다. 아우는 어쩌면 세상을 잘 알면서도 세속적인 세상은 너무나 몰랐으며, 비현실적이었기 때문이다. 이젠 의젓하고 어른스러운 재륭이, 언제나 공주처럼 귀여운 채영이, 마음고생이 이루 말할 수 없었던 미망인(신라대 교수, 영문학박사)에게 이젠 무슨 말을 할 수 있으랴.
　아우는 경북 군위의 천주교묘지에 잠들어 있다. 저녁에 술잔을 기울이면 자꾸만 내 앞에 와 앉는 것만 같다. 그는 술을 누구보다도 좋아했고, 술 때문에 괴로워하기도 했다. '술 밖의 세상'을 기꺼워하다가도 '술'이었다.

아우 먼저 보내고
관 속에 흙을 뿌리며, 선생님처럼
그야말로 '좌르르 하직' 했습니다.
아우는 눈감으면서도 그랬듯이 아무 말 않고
말을 다 잃은 나는 아무도 안 보이는 데서
얼마나 서럽게 울었는지요. 울고 있는지요.
봄날인데도, 선생님 말씀대로
'여기는 눈과 비가 오는 세상' 입니다.
모든 게 무너지는 듯한 세상입니다.
왜 그렇게 떠나야 했는지, 아우는
여기에서의 해야 할 일들 펴다 말고
모두 팽개쳐 버리면서, 떠나면서도
형님! 하는 목소리 한 번 들려주지 않고,
처자식은 도대체 어쩌라는 건지. 불현듯
'초월적 지상' *)을 '지상적 초월' 로
바꿔 버렸습니다. 선생님, 아프게도
'다만 여기는 / 열매가 떨어지면 / 툭 하는
소리가 들리는 세상' 입니다.
내가 툭 떨어져 흔들리고 있는
그런 세상의 모서리입니다.

—「하관 — 목월 선생께」 전문

* 주=「'초월적 지상' 과 '지상적 초월'」은 아우의 서울대 박사학위 논문 제목

아우가 다른 세상으로 먼저 가고
잊으려 할수록 길이 비틀거린다. 이따금
앞이 잘 보이지 않는다. 그렇게 날이 가고
달이 몇 번 바뀐 오늘은 웬일인지
겨우 걷게 된 아우의 모습이 문득 떠오른다.
돌아가신 아버지 얼굴도 모르고 이름마저
어린 내가 지어야 했던 아우,
고사리 같은 손을 잡고 고향집 대문 나서던 때의
멋쟁이 아우. 챙 있는 모자를 쓴, 어머니를 졸라
새로 산 옷까지 차려 입은 채, 그 대견스럽던
걸음걸이. 그 봄날이 이토록 아플 줄이야.
총기가 유별나다고 가는 곳마다
입에 오르내리고, 자라고 크면서는
아무나 붙들고 자랑하고 싶을 정도로
남보다 언제나 저만큼 앞서가던 아우.
남들이 부러워하는 길들 잘도 걸었건만
비뚤어진 세상과는 자주 안 맞아 삐걱거리더니,
더 나은 세상 늘 꿈꾸고 목말라 하더니

세상을 버렸다. 그렇게 가 버렸다.
술에 젖어 푸석해도 눈빛은 한없이 맑았던,
세상이 어디로 가든 깨어서 흔들리지 않던
그 모습이 이토록 쓰라릴 줄이야. 여전히
세상이 삐걱거려 이토록 눈물 나게 할 줄이야.
　　　　　　　　　　—「아우 먼저 가고」 전문

　아우가 떠나고 난 뒤 쓴 '졸시'들이다. 하지만 아우는 이러는 나를 못마땅해 할 줄도 알고 있다.
　미망인과 제자들이 정성을 다해 아우가 남긴 원고들을 찾고 모아 문학평론집, 시집, 산문집 등 세 권의 책을 묶게 됐다. 비평이 전공이지만 1990년대 후반부터 쓴 시가 많고, 영문으로 쓴 시들도 적지 않다. 영문으로 쓴 시와 일부 작품들을 빼고도 좀 두꺼운 시집이 됐다. 본인 같으면 많은 작품을 빼고 가다듬겠지만 그 육성 그대로 실었음을 밝혀둔다. 도와주신 모든 분들께 감사드린다.

　　　　　　　　　　　　　　　　　2006년 겨울
　　　　　　　　　　　　　　　　　이 　태 　수

| 차례 |

책머리에 – 이태수 …………………………………… _6

제1부

탕계통신蕩界通信 1 – 혜능 대사의 마지막 시에 기대어 …_19
탕계통신蕩界通信 2 ………………………………… _20
탕계통신蕩界通信 3 ………………………………… _21
탕계통신蕩界通信 4 ………………………………… _22
탕계통신蕩界通信 5 – 그리운 어머니 ……………… _23
탕계통신蕩界通信 6 ………………………………… _24
탕계통신蕩界通信 7 ………………………………… _25
탕계통신蕩界通信 8 – 김영무 선생의 부음을 듣고 ……… _26
탕계통신蕩界通信 9 – 김영무 선생의 마지막 시 ………… _27
탕계통신蕩界通信 10 – 9·11 미국 테러 이후 ………… _28
탕계통신蕩界通信 13 – 설국雪國의 별 ………………… _30
술 밖의 금정산 1 …………………………………… _32
술 밖의 금정산 2 – 도처에 우포늪이 ……………… _33
술 밖의 금정산 3 – 입산 금지 ……………………… _34
술 밖의 금정산 4 – 투명한 겨울 숲이 부른다 ……… _35
술 밖의 금정산 6 – 겨울 편지 ……………………… _36
술 밖의 금정산 10 – YS 간염에 대하여 …………… _37
술 밖의 금정산 11 …………………………………… _42

제2부

광야의 사랑 노래 …………………… _45
겨울 나그네 ………………………… _46
홀로 백양산에 올라 1 ……………… _47
홀로 백양산에 올라 2 ……………… _48
떠돌이 단상 1 ……………………… _50
떠돌이 단상 2 – 삼랑진을 지나며 ………… _51
우포늪을 지나며 …………………… _52
가을 퇴근 …………………………… _54
쓰러진 나무 ………………………… _56
하산下山 ……………………………… _57
저녁노을 …………………………… _58
부처님 오시는 날 …………………… _59
게이 송Gay Song의 사랑 노래 ………… _62
흐르지 않는 낙동강 ………………… _65
문 닫힌 피안彼岸 …………………… _68
지리산 노고단에서 ………………… _69
낙천봉에서, 2005년 1월 …………… _71

제3부

꽃피는 그대 ……………………… _75
아내의 숲 ………………………… _76
아내가 권하는 술………………… _77
세상과 치마폭 …………………… _78
완전 독립 ………………………… _80
사랑의 능력 ……………………… _81
봄비 ………………………………… _82
술 밖의 봄비 ……………………… _84
네가 그리운 날 꽃을 쓴다 ……… _86
물새의 기억 ……………………… _87
채영이 생일날 …………………… _89
장하구나 재룡아 – 아들에게 ……… _91
아들의 출가 ……………………… _92
새 천년 스승의 날 ……………… _93
마음속의 하늘 …………………… _94
하야리야 부대 취침나팔 소리 ……… _95
새벽 합창대 ……………………… _96
꽃나무와 아이들 ………………… _97

제4부

내 가슴 속의 새 ·················· _101
야성의 술 길들이기 ·············· _102
밤 깊은 술노래 ···················· _103
'있음'의 '없음' – 혹은 '없음'의 '있음' ········· _104
이경술의 1990년대 ················ _105
이중 결혼 ·························· _107
간肝의 파업 ······················· _108
하늘의 뜻 ·························· _109
나의 주 ···························· _110
작은 사랑 노래 ···················· _111
어떤 이혼 ·························· _112
그의 졸업 ·························· _114
술꽃 세상 ·························· _115
연옥통신煉獄通信 – 염라대왕의 말씀 ········ _116
어떤 신곡神曲 ····················· _117
술 졸업 ···························· _120

제5부

시적 인간 …………………………… _123
초월 혹은 포월 ……………………… _125
포월抱越의 봄비 …………………… _126
해탈 …………………………………… _127
나의 새는 어디에? ………………… _128
미안하다 산새들아 ………………… _129
미인도美人圖 ………………………… _130
유부남의 비가 ……………………… _131
남과 여 ……………………………… _132
그대 만난 다음날 …………………… _133
깨어진 맹세 ………………………… _134
떠나는 그대 ………………………… _136
당신을 보았습니다 ………………… _138
조선의 반도 ………………………… _139
꽃밭에서 …………………………… _140
옛 친구 ……………………………… _141
물소리 ……………………………… _142
겨울나무 …………………………… _144
희미한 첫사랑의 그림자 …………… _145
그 하늘 이 하늘 …………………… _147
무제 ………………………………… _148

제6부

낙동강 ······_153
부활의 이 아침, 그들은 어디에 ······_155
김 씨의 어느 겨울 — 1994년 벽두에 ······_157
강풍 속의 물오리 ······_159
창 밖의 여자 — 추억의 패러디, 1990 ······_161
임을 위한 행진곡 — 추억의 패러디, 1994 ······_162
내가 역사에 재인이가? — 추억의 패러디, 1998 ···_164
세계 취한 여자 ······_167
미국의 꿈 ······_168
부시가 부시에게 ······_170
인생이 바둑이라구? ······_173
대식남의 겨울 편지 ······_175
황동규, 그 아기 ······_177
지금 여기 Here and Now ······_179
청사포 크리스마스, 2001 ······_181
더블린, 2002년 부활절 ······_182

제7부

고탑의 시인을 찾아서 — 아일랜드 겨울 기행 1 ………_187
부활절과 삼일절 — 아일랜드 겨울 기행, 1998 / 2 ……_191
조이스와 예이츠 — 아일랜드 겨울 기행, 1998 / 3 ……_193
영국 인상 ………………………………………_195
잊힌 설날 — 1998. 1. 29. ………………………_197
캠 강변의 보름달 ………………………………_199
빈 가슴 …………………………………………_201
새봄의 항행航行 …………………………………_203
향수鄕愁 …………………………………………_205
어지러운 봄꿈 …………………………………_207
유적流謫의 봄비 …………………………………_209
원국의 봄비 속, 신라국 장인어른께 올리는 글월 …_210
캠 강변의 술 노래 ………………………………_213
교수열전敎授列傳 —신라대 M교수 ………………_216
고정석 교수의 빈자리 …………………………_218
채 교주敎主의 탁차통 — 채희완 교수에게 ………_220
외로움의 끝 — 한기욱 교수에게 ………………_222
그때 그 사람 — 오상훈 교수에게 ………………_223
무제라기보다, 녹색의 양김兩金 — 김태언 교수에게 …_225
다소곳 여자 — 김종실 교수에게 ………………_226
정원의 비가 — 문현병 교수에게 ………………_228
설렁설렁 그대 — 수Su를 위하여 ………………_230
고독의 고수 — 송재균 형께 ……………………_231

세속적 한계 뛰어넘은 자유 영혼 — 최학림 …………_233

제1부

탕계통신蕩界通信 1
— 혜능 대사의 마지막 시에 기대어

나뭇가지 사이로 별들이 아롱다롱
크리스마스트리처럼 정겹게 반짝인다

그러나 저 별들과, 별들과
나뭇가지 사이 거리는
탕탕심무착蕩蕩心無着 광년

그 광년 속으로 빨려 들며
내 등과 너럭바위 사이 거리 또한
탕탕심무착

들러붙음 없이 서—얼설 기어 다니는
반짝이는 별들이여,
들러붙음 없이 서—얼설 기어 다니면
나도 반짝이는 별이냐?

탕계통신蕩界通信 2

언덕 위의 집이 바라보이는 마을버스 속에서
메시지를 받았다

서—얼썰 서—얼썰

지붕 위의 보이지 않는 서—얼썰 반짝이는 별들이여,
설렁설렁은 어떠한가?

설러—엉 설러—엉

탕계통신蕩界通信 3

급신. 오늘 금정산 백양산 나무들 풀들 물들 돌들로부터 철인 공화국哲人共和國 초대 대통령직을 제의받았음. 수락하기 싫음. 조속 회신 요망. 금정산 제2교신소.

PS. 본인이 재주가 없어 산중에서 자기들과 노니까 그냥 편한 느낌이 좋았던 것 같음. 우선 본인을 대통령으로 하여 건국 후 지구 곳곳의 철인들, 생각 있는 나무들 등등을 결집하여 세력을 확장하면서 다시 이야기하자고 하였음. 그때까지만 맡아 달라고 하였음. 자기들도 철인을 만나면 철인이 되고, 또 그 역도 성립 가능하다고 하였음. 본인은 싫음. 인간의 생래적 제국주의에 염증을 느낀 본인이 그들에겐들? 개가 또 짖음. 별빛 기다림. 총총.

탕계통신蕩界通信 4

밤하늘 탕탕蕩蕩 별들이여
구름 사이 솔바람 사이
서—얼설 기어 다니는 별들이여
너희들 반짝임은 무심無心의 반짝임이냐
무욕無慾의 빛남이냐

김해 쪽에서 문득 발간 별 하나 솟아오른다
조심하거라 탕탕 별들아
혹 테러의 별일지 모르니까
탕탕

탕계통신蕩界通信 5
— 그리운 어머니

제가 군에 있을 때 이제 그만 가볼란다
어디론가 탕탕 떠나신 어머니,
그래서 대구 형님 댁에도 안 계시고
고향 의성에도 안 계신 어머니,
아까 김해 한일아파트 앞 시장 바닥에서
머리에 흰 수건 두르시고 마늘 까시던 어머니,
이제 부산 화명동 밤하늘 스을슬 반짝이시는 어머니,
탕탕심무착蕩蕩心無着 광년 너머 소나무 가지 위에 앉아
나직나직 속삭이시는 어머니,
애야, 이제 그만 들어가 보거라
어린 딸아이가 굿나잇 키스 기다리잖니?

그럼 안녕히 반짝이세요 어머니, 내일 밤 다시 뵙겠습니다
그런데 어머니, 그 아이는 제게 탕탕심유착蕩蕩心有着인가요?

탕계통신蕩界通信 6

차들이 서—얼설 긴다
퇴근길의 낙동강,
구포 욕망의 야경夜景 위로
두둥실 보름달이 차오른다

빨강 노랑 초록 불빛 받으며
알몸으로 구름 사이 서—얼설 휘젓고 다니는
강심장의 달이여
별 눈초리 끄면서 인간 눈길 화악 끌어당기는
요염 순결의 달이여

그래 차야 막혀라 자꾸 막히거라
긴 눈 맞춤 끝
차창 너머 저 달과 서—얼설
입맞춤 해야겠으니
탕탕

탕계통신蕩界通信 7

저 먼 별나라에서 온 당신
나를 모르는 당신
당신은 누구십니까

빈 라덴

한 번도 들어 본 적 없는 이름
빈 라덴 당신은 누구십니까

사랑은 사랑을 낳고
분노는 분노를 낳고
별은 별을 낳는 것

부시 나의 이름은 부시
모든 걸 집어삼키고, 모자라
유유히 멸망해 가는 승냥이
나의 이름은 승냥이 제국
너의 이름은 라덴, 빈

탕탕

탕계통신蕩界通信 8
— 김영무 선생의 부음을 듣고

늦가을 오후, 서울에서 연락이 왔다
느닷없는 낙동강, 바람 속에 선다
바람결 멀리 태양에 가려 자태 보이지 않는
서―얼설 하늘 기어 다니는 아름다운 반짝이는
별들이여, 너희들만 별이냐,
오늘 그도 별이 되었다 한다

가녀린 풀씨 하나 지상을 떠돌다가
풀꽃 되어 풀꽃 보듬고 사랑하고 노래하다가
씨알 되어 뭇 씨알 끌어안고 노래하고 사랑하다가
풍류 없는 바람결 흔들리다가
허파에 바람 깊어, 큰 바람 못내 깊어
오늘 그, 탕탕蕩蕩 하늘
반짝이며 날아올랐다 한다

내 다정한 벗들, 탕계 총총한 별들이여,
가녀린 이쁜 새 식구 간절히 정겨이 맞이해 다오
그립게 그립게 손 내밀어
소담스런 색동 새 친구 반짝반짝 껴안아 다오

탕계통신蕩界通信 9
— 김영무 선생의 마지막 시

이백도 천상병도 아닌 시인 하나
철늦은 무지개 타고 이 땅으로 유배,
거친 바람결 속 한 송이 풀꽃으로 노닐다
풀무치 새 울음소리 좋아하고
버들치 힘찬 지느러미 짓 더욱 좋아하다
찬 이슬 색동 보석 맺히는 풀섶 세상
글썽이듯 글썽이듯 끌어안고
참 다정도 한 지상 소풍 놀이 마치면서
2001년 11월 23일 평촌 병원에서
마지막 노래 한 곡 그렁그렁 뽑고
무지개 타고 올라갔다 탕탕蕩蕩 하늘
반짝이는 작은 별이 되었다

탕계통신蕩界通信 10
— 9·11 미국 테러 이후

허공에서 허공을 가로지르며
시린 별똥별 하나 날아간다
아득히 먼 저곳 수억 광년 너머 저곳
진화한 원숭이들의 행성
흰 원숭이들 거드름 피우며 황색 흑색 원숭이들
시린 눈물 떨구게 하는 곳
흰색 원숭이 심장에서 별안간 불기둥 치솟고
먼지 구름 너머 힘센 흰 원숭이 눈 부릅 치켜뜬다

예수라 불리는 자 따르는 믿음의 원숭이들
알라라 불리는 자 따르는 믿음의 원숭이들
허공 속 발길질들 허공 메아리 수놓는
저주의 미사일들

저 멀어 아름다운 별나라
진화한 원숭이들 아귀다툼 별나라
흰색 검은색 황색 원숭이들
몇십 억 광년 너머

저 욕망들의 미사일들
허공에서 허공을 가로지르며 시린 별똥별 하나
눈물 반짝이며 곤두박질한다

탕계통신蕩界通信 13
— 설국雪國의 별

새해 첫날 지리산 노고단에서
눈바람 눈꽃 끌어안고
산신 할머니께 제를 올렸다.
할머니, 아무쪼록 드넓은 이 눈꽃 세상
언제나 하얀 아름다움 잃지 않도록 돌보아 주시옵고,
산 너머 빈 라덴 미 제국주의 승냥이들에게
치욕 당하지 않도록 지켜 주시옵소서.
알겠느니라 하아얀 눈보라 눈바람으로
대신하는 할머니 고개 끄덕임 본 후,
피아골로 내려간다. 새해 첫 밤이다.
단풍잎 대신 설화雪花 총총 매단
골짜기 나무들 위로 내 다정한 벗들 옹기종기
총총 빛난다. 몇십 년 전
빨치산 형제들 단풍잎 먹고 눈꽃 먹고 겨울바람 먹고
붉게 반짝이며 날아올라,
오늘 밤 찬연한 별무리로 내 탕계蕩界 가득 수놓고 있나니,
지상의 꿈 지상에서 펴지 못한
내 형제들 붉은 그리움들 저리도 찬란히

오늘 밤 나를 부르고 있나니,
지상의 처 손잡고 열 살 박이 딸 손잡고
화개 장터 저자 거리 향하는 이 밤,
나는 누구인가 나는 누구인가
설국의 별들이여, 반짝반짝 대답해 다오.

술 밖의 금정산 1

보인다. 긴 술 깬 내 두 눈에
금정산 본디 모습, 긴 술 깬 두 귀에
금정산 본디 음성, 투명하게 소리쳐 온다.

술 속에서 한 번도 본 적 없는
숲의 숲다움! 금정산의 금정산다움!
자연의 자연다움!
이제 내 온몸 향해 열려 온다.
새 세상이다.

술 밖의 금정산 2
― 도처에 우포늪이

금정산 계곡 자그만 연못,
두둥실 달이 떠 있다.
도처에 우포늪이다.
서낙동강 언저리에도,
청사포 앞바다에도,
서면 지하도 분수대 속에도.
그대 마음속에도.
도처 우포늪이다.

술 밖의 금정산 3
― 입산 금지

금정산 파류봉 꼭대기,
세찬 바람 춤춘다.
서녘 하늘 붉은 노을 스러지고
동녘 달 차오른다.
산 아래 서얼설 겨울 불들이 들어온다.
저만치 낮은 곳에서
채영이 부르는 소리.
채영이 분홍 뽀뽀 부르는 소리.
그렇지, 서둘러 하산해야지.
여기서 얼어 죽어선 안 되지.
채영이 애비 없이
홀로 울게 내버려둬선 안 되지.
아암, 그렇구말구, 탕탕.

술 밖의 금정산 4
— 투명한 겨울 숲이 부른다

봄여름 가을 내내
울창하던 금정산 숲들,
이 겨울날 투명하게 나를 불러낸다.
논문으로부터, 책읽기로부터
서얼설. 이러하매
겨울 숲 투명한 아름다움에
취하지 않고 어이 견디리.

술 밖의 금정산 6
— 겨울 편지

술 밖의 금정산에 처음인 듯
겨울이 찾아왔습니다
휘이잉 솔바람 소리 사이로
하이얀 겨울꽃 만발합니다
세상은 아름답습니다
인간이 썩고 타락하고 하염없어도
겨울 숲은 갈 데 없이 그립게 아름답습니다
이 아름다운 숲은 누구를 위한 것입니까
탕탕蕩蕩 하늘 반짝반짝 눈물겨운 저 별들은 또
누구를 위한 것입니까
청아한 솔바람 소리
다시 귓불을 휘이잉 스쳐 지나가는데,
누구를 위한 것입니까
술 밖의 겸손한 사랑은?

술 밖의 금정산 10
— YS 간염에 대하여

싸—알랑을 아시나요 모르시나요
내 마음을 앗아 버린 황금의 술,
아니 이건 흘러간 옛 노래,
내 온몸을 앗아 버린 절망의 술
막막한 이 한밤을
술에 타서 마시며—

YS 대통령 되던 날
나, 절망의 술을 마셨네
운동이 날아가던 날
또, 절망의 술을 마셨네,
개혁 드라이브로
YS 지지도 90% 넘나들던 날
나 울 수 없었고,
마실 수 있었네

절망의 술 속에서,
어느 시인의 전설처럼,
제주도 가는

아니면 울릉도 가는, 아니면
아무 섬이나 가는 배 타고,
소주 한 박스 서—얼설 비우면서,
달밤이면 달밤대로,
별밤이면 별밤대로,
무밤이면 무밤대로,
아드—윽 흑흑
수평선의 밤이면 또 그도 좋이,
별도 달도 없이,
서—얼설 서—얼설,
술바다 속 가라앉으며, 누워,
술바다 자궁 속, 잠들고 잠들고,
차아—알랄리이이 차아—알랄리이이
그대의 흰 손으로
나럴 자아—암 들게 하라,
마지막 용팔곡 스르르르
스르르 뽑으면서,
위무, 위무, 위무의 바다 꿈, 젖어, 젖어,

한 기 아이고,

나, 학부 학생들 대학원 후배 삼아
정처 없이 끝 간 데 없이
갈 데 없이 마시다가,
원수진 듯 마시다가,

어느 날, 영국 가서 보니
아니 이게 웬말?
DJ가 대통령 되더란 말이여,

그기 글씨, 내가 자꾸자꾸 찍을 때는
또 자꾸자꾸 떨어지더만,
영국서, 투표권도 안 주고, 워쩌고 혀서
내가 안 찍어뿌링께
되더란 말이시

고것 차—암,
옛날 생각 나더구마이,
박통 총 맞아 죽던 날 내
춤추며 노래하며 웃는 내 얼구우울—로,
몇 박 며칠을 그냥

황금의 술 속에 있어뿌렀는디,
허얼헐헐,

워쨌든 고러코롬 마시진 않았지만서두,
난 거 뭔가
거 서강인가 먼가를 보아뿌렀다 이거여,

그란디,
지금 내가 무신 말을 하고 있노?
다시 서—얼설 돌아가서,
워쨌든 나 YS 간염 걸렸다가
DJ 백신인지 페니실린인지 머언지로
지금 건강해져 뿌렀는가?
아인가? 세엘라!
거 뭐 DJ 욕들 혀쌓지만,
나 개인적으로야 워디 그럴 수 있겠는가?
나라적으로두 그렇지

그란디,
나넌 깽깽이가 아닌디,

와 자꾸 전라도 말을 쓴다냐?
난, 옛날 마이 쓰던 말로
TK인가 뭔가인디,
허긴 누구 말로는 TK 중에서도
성골 진골 뼈다구 등등이 있는디,
나는 워디에 속허냐
허면 바—아로 거 뭐라 카드라
아아 반골, 반골 TK라 카데,

파류봉 별아,
이제 굿나잇 하자,
너무 춥다, 시간 나면
내일 밤 또 오께, 응? 자기……

허—얼, 헐헐, 헐,
세엘라!

술 밖의 금정산 11

집 없어 키 없어 떠도느니
즐비한 주막들이여
안과 밖 경계선, 저, 산, 속,
곡차방들이여

제2부

광야의 사랑 노래

그를 물리친 광야에 햇살이 메아리친다
어둠 속, 그에게 받은 상처들이
하나씩 단단하게 빛난다
길은 어디에나 초행길, 풋가슴 열고
번쩍이며 넉넉하게 기다린다

그대가 함께 하는 이 길, 음성이 향그럽다
그대가 함께 열어 가는 이 길, 눈길이 풋풋하다
그대가 함께 헤쳐 가는 이 길, 체취가 싱그럽다

사랑한다 간밤 어둠의 깊이만큼,
내 상처의 단단한 두께만큼,
광야의 아침 햇살 눈부신 융융함만큼

겨울 나그네

숲 밖의 백양산에 처음인 듯 겨울이 찾아왔습니다
휘이잉 솔바람 소리 사이로 하이얀 겨울 꽃 만발합니다
세상은 아름답습니다
인간이 썩고 타락하고 하염없어도
겨울 숲은 갈 데 없이 그립게 아름답습니다

휘이잉 동서남북 가로질러 두 하늘
한 하늘 돌개바람 춤추는 저 하늘색 바람

이 아름다운 세상은 누구를 위한 것입니까
탕탕 하늘 반짝반짝 눈물겨운 저 별들은 또 누구를 위한 것입니까
청아한 솔바람 소리 다시 휘이잉 귓불 치고 달아나는데,
숲 밖의 겸손한, 겸손한 내 사랑은 누구를 위한 것입니까?

홀로 백양산에 올라 1

청소년 문화회관 힐끔 본 뒤
슬며시 백조의 호수 옆에 낀다

어슬렁 놀이동산 돌아
설렁설렁 숲길 오른다

시월 싯푸른 하늘
방울방울, 홀로운 몸 속으로
헤엄쳐 내려온다

문득, 그대 떠난 마음자리
슬쩍 지워진다

홀로 백양산에 올라 2

뭉게구름 사이로 들락거리는 해
혹은 목월의 달

김해평야
인공 잠자리 한 마리
이쁜 몸짓으로 날아오르고
칠백 리 낙동강 끝자락
어지럼 흔적 없이 그립게 흐른다
고개 돌려 열 살 박이 딸아이의 고향
만덕 소곤거리고 또 고개 돌려
동래 수영 해운대 아기자기들
구름 모자 장난스레 뒤집어 쓴 영도
어린 배 한 척
이쁘장한 서면 롯데호텔

꼭대기 바람이 세차다
장대비 맞으며 내려가는 성지곡 수원지
산새 소리 바람소리 먼 사람 소리

부산스레 정겹다

자갈치 아지매,
대구 사람 억양 다 바까놓겠심더

떠돌이 단상 1

청사포 겨울 바다 저 청바다
눈 먹고 바람 먹고 시 먹고 별 먹는 저 청바다

떠돌이 단상 2
— 삼랑진을 지나며

세 물결 마주치니 서얼설
하행 열차 노래한다
강 있어 산 높고 산 깊어 유장한 겨울 강
이 강산 낙화유수 햇살 치는 섣달 강
물불* 없어, 불물 없어 반짝이는 겨울 강
옆자리 그대 없어 더 아름다운
불타는 겨울 강

* 물불: '수화水火 → '수불' → '수울' → '술' 이라는 설이 있음

우포늪을 지나며

한 십년 전 허우적거렸지
달도 별도 없는 길 홀로 버둥댔지
아드윽 지평선

한때 나
우포늪에 빠져 죽을까 생각했지
아니 빠져 죽었지
우포늪이 나를 살렸지

그런데 버렸나
버림받았나 서로서로
오늘 정히 별들 반짝이네
먼 님 눈물인 듯 그렁그렁
우포늪 다시 바라보니
총총 이름 모를 생명 잔치
새인지 고기인지 꽃인지 별인지 알 수 없는
작은 우주들 꼼지락 꼼지락

그래 알겠다 다시 시작이다
내일은 저어 우주로
별들 또 반짝인다
알겠다
다시 인간 속으로

가을 퇴근

신어산에는 은은한 은하사 찻집이 있지
하지만 마음 돌려 내려가는 돌계단,
잎사귀며 줄기며 대궁이며
스산한 몇 송이 코스모스들의 전송,
정문으로 난 길 옆 줄지어 선 나무들
가을 아름다움 속, 발걸음 더디게 하지

128—1은 평강에서 구포까지 쉼 없이 달려
낙조의 가을 낙동강,
한눈팔지 않고 단숨에 건너 버리지
덕천 지하도 오르면 또 언제나처럼 택시들
줄지어 유혹하고 있지, 마을버스 기다리는 동안

그들은 봄 아름다움 속에 있어
시월이 가고 있어도 오월밖에 안 보는 거야
그들의 오월 아름다움이 시월 아름다움으로
겨울 아름다움으로 이어질 수 있을까,
이 지상에서? 나무들처럼?

금정산이 성큼 다가선다 깊다 우람하다
산의 어둠의 아름다움 위로 별들이 조그맣게 반짝인다
종점에서 기다리던 은행나무, 느닷없는 샛노란 질문:
넌, 가을 아름다움 밖에 서 있냐?

쓰러진 나무

태풍에 쓰러진 것일까
뿌리째 뿌리 뽑혀 하얗게 드러누운
아름드리나무 한 그루

한 가지 꺾어 지팡이 삼았으면

쓰러진 둥치 여기 저기
조그마니 돋아나는 어린 가지들

쭈우욱 쭈우욱 밀고 올라간다
파르르 파아란 겨울 하늘
쭈우욱 쭈우욱 밀어 올린다

하산下山

반도半島 남단 우뚝우뚝
드높은 푸르름 맺힌 조선 하늘들이여

백일 기도 삼 세 번 삼백일 기도,
면벽 수도面壁修道 자리 박차
미천한 중생 경험 세계로 하산하오니

드높은 순수,
희망의 별 믿음의 별 사랑의 별
낮은 가슴 높직이 우러러 받치고

아옹다옹 경험 세계 인간들 더불어
이에는 이, 눈에는 눈
아기자기 굳세게 푸릇푸릇 뜨겁게
전쟁케 하시옵소서 사랑 전쟁케 하시옵소서

저녁노을

하늘 떠나 산 떠나
세상 붉은 먼지 속을 뒹굴었다

오늘 상계봉 다시 찾아
숨 한 번 몰아쉰다
솔바람 소리 사이로
어느덧 저녁 해 떨어지고
붉게 저무는, 저물면서 빛나는
겨울 하늘 겨울 강
세상이 빨강 파랑 노랑으로 치장하고
별들이 하나 둘 수줍은 신호를 보낸다

타는 노을 뒤로
신神이 웃고 있다

부처님 오시는 날

부처님, 왜 자꾸 오십니까.
불탄절 때문에 오십니까,
불탈 절 때문에 오십니까.
저희들 마음 속 불타, 불타시면 됐지,
뭣 하러 해마다 먼 길 오십니까.

너희들 속에는 너희가 너무 많아
내가 없느니라.
없음으로서의 있음,
혹은 있음으로서의 없음이
이 몸인지라,
일 년에 한번 얼굴이나 보여주려 함인 것,
절마다 얼굴을, 얼굴을 돌렸지만
바람결 풍문에 듣자 하니
풍류장風流場이 하나 섰다길래
내 잠시 곡차穀茶나 한잔 하려 하노니,
어서 풍악을 울리고
어디 한번 놀아 보거라.

놀랄 것 없다. 내 일찍
원효의 몸을 빌어 너희들과 어울려 놀며
무애가無㝵歌를 불러 주지 않았더냐?
얼쑤, 지금 너희들 노는 모양을 보자 하니,
풍자도 해탈도 없이,
시인 흉내만 내는 거냐?
민중성은 어디 갔느냐?
대중성과 예술성의 탁차통卓次統은 어디 있느냐?
신명은 또 어디로 달아났느냐?
이것이 이른바 이십일 세기 버전
대중추수주의大衆追隨主義
내지는 현실추수주의라는 것이냐?

얼씨구, 이젠 또 선비 놀음이냐?
이 세계하世界下 시대에,
가장 세계적인 것이 가장 민족적인 것이라고,
세계문학을 염불하여
민족 민중을 구해 보겠다는 그 기상 한번 가상하다.
개인과 나라의 발전을 위하여
개나발 개나발 열심히 불어 댐 또한 가상하다.
헌데, 세계문소문학世界文少文學의

정초定礎를 어디에 놓을 거냐?
세계성과 문소성과 민족성과 민중성을
탁월한 차원에서 통일시킬 비결이 대체 뭐더냐?
수면성睡眠性이더냐, 연다성煙茶性이더냐,
곡차성穀茶性이더냐?
아니면 수면 연다 곡차성이더냐?
아무렴, 역시 너희들,
염불도 수면 연다 곡차성,
화조풍월花鳥風月도 음풍농월吟風弄月도
월하독작月下獨酌도 한갓 바람에 새긴
수연睡煙 곡차성 유토피아이런만,
너희들의 오래된 미래가
바로 거기 자리 잡았단 말씀이렷다?
덱―끼.

시인 선비의 탁차통이라구?
풍치 운치 거느린 풍류 한량 놀이 꿈이라구?
데―엑끼, 고―오옹空.

아멘.

게이 송Gay Song의 사랑 노래

이화梨花에 월백月白하고 은한銀漢은 삼경三更인제
일지춘심一枝春心을 자규子規야 알랴마는
다정도 병인 양하여 잠 못 들어 하노라

— 이조년李兆年

한 무심無心의 고수高手,
먼 조상 할아버지 시 읊조리며
부산 화명동 달빛 속
물소리 소쩍새 울음소리 더불어
술 밖의 세상에서
총총 별들과 탕계蕩界통신 한다지만

또 누구는 사랑은 아무나 하나 흥얼거리며,
사랑을 위하여 삭발도 단식도 하지 않습니다
사랑을 위하여 담배를 끊었습니다,
강단 피리 부는 중이라지만

나, 고독孤獨의 사랑 고수,
일 사랑 제자 사랑 술 사랑 풍성하지만
이태 간 미국 사랑 얼굴 구경 못한
나, 절정의 사랑 고수,

아버지 별 되시려 그예 탕탕蕩蕩 하늘 올라가실 적
아버지 사랑에 울며
또한 별 되신 어머니 사랑에 울며,
화장火葬이 무엇인가
납골당納骨堂이 또 무엇인가,
밤 도운 술 사랑 별 사랑 못내 겨워
나, 그예 아침 상여 따라
고향 길 잡지 못 하였네

경북 성주군 초전면 고산孤山리
뼈대 있는 야성冶城 송 씨 가문
충숙공 할아버지 공산 할아버지,
저희 어머니

하늘 잠시 내려 아버지 손잡으시고
할아버지 할머니 뵈오러
가족 납골당 들어서실 때
저, 불초不肖 후손 먼 한 걸음,
ㅁ자 종가宗家집 백세당 더불어
그리운, 그리운 큰절 두루 올리겠습니다
잠 좀 자게 해 주십시오

흐르지 않는 낙동강

갯버들 푸르게 춤추던 자리
모텔촌 색색이 들어서고
아름드리 버드나무 줄지어 울던 자리
주차장 차들이 회색으로 줄지어 울어
흐르지 않는 강물이여
흐르지 않는 강물이여

옛사랑 그림자 희미한
동촌 구름다리 위
흔들리는 난간에 기대어
구름 탄 듯 홀로 두둥실 홀로
이방인 되어 흔들거리며
유원지의 옛 기억을 더듬노라면

콘크리트 제방에
콘크리트 수문에
콘크리트 다리 위를
질주하는 자동차들 잿빛 굉음에 갇혀

흐르지 않는 강물 위로
어제의 강물
아득히 겹쳐 흐른다

키 큰 버드나무 옆을 지나
구름다리 타고 차마 떨치고 간
옛사랑 붉은 치맛자락
무모한 사랑으로
푸르게 넘실거리던 어제의 강

저녁 강변
출렁이는 빈 배 속으로
스산한 갯버들 바람 따라
어둡게 어둡게 밀려들어가는
깡마른 장발 청년 눈먼 소주병

머나먼 초록 기억의 저편
박정희 개발독재 시절

그 용감무식했던 새마을운동 시절
경부고속도로와 동시에 건설했다는
동촌 구름다리
몇십 년 비바람에도 두둥실 견고히 출렁거리는
낙동강 개발의 아름다운 동반자,
관리실 독작獨酌 노인
주저리주저리 사설 위로
푸른 밤의 정기를 타고
탕계盪界 총총한 별들이 쏟아진다

밤 낚시꾼 랜턴의 외로운 불빛 위로
강변 도시 개발 공사 아파트 희미한 깜빡임 위로
연신 가파른 정겨운 신호를 보내는 총총 별들이여
그래, 그대들 뜻대로
흐르지 않는 낙동강 검붉은 강물 위로
후두둑후두둑 쏟아져
푸르른 물결로 넘실거려 다오
짙푸른 내일로 출렁거려 다오

문 닫힌 피안彼岸

아름다운 이 세상 소풍 끝내는 날
나 하늘로 돌아가리라
천상병 시인의 귀천歸天 방송 들으며
가까스로 들어선 어스름 속
황악산 직지사直指寺

염불 소리 목탁 소리 물소리
따라 다다른 도피안교到彼岸橋

다리 밑엔 얼음
다리 위엔 출입을 금합니다 푯말
X자로 앞을 가로막는 대나무 차단물

석교 건너 피안에 불이 들어오고
범종 소리 어두운 차안此岸의
별이 시리다

지리산 노고단에서

오랜만에
가슴 속의 설산雪山을 꺼내어
발 앞에 펼쳤습니다
다가오는 겨울 숲 하얀 유혹을
딛고 또 딛고
어느덧 노고모단老姑母壇입니다
세상 낮은 사람들의 높낮이 없는
세상 붉은 꿈 아득하게 모여
반야봉 너머 토끼봉 촛대봉 너머
그윽한 천왕봉까지
장엄하게 뻗쳐 있습니다

세상은 아름답습니다
교육이 무너지고 환경이 무너지고
나라가 무너지고
상인의 잔머리가
한반도를 베이징을 아메리카 벌판을
어지럽게 굴러 다녀도
피아골 단풍 그득 맺힌 깊고 붉은 꿈
송이송이 눈꽃으로 피어올라

공중의 뭉친 물방울들 더불어
설국의 연가 부르고
지율知律, 아름다운 영혼의
도롱뇽 사랑 노래 지구 사랑 노래 있어
존재하는 모든 것은 아름답습니다

평등한 포근한 눈발 아래로
구례 마을 불빛 점점이 들어와 박히고
섬세하게 꿈틀대며 반짝이는 섬진강
붉은 낙조 타고 오는 봄의 소리
탕계蕩界 총총 별들이
다정히 귀 기울이고 있습니다
짙어 가는 어스름 속
작은 산새 두 마리 문득 낭랑한 울음 울며
정겨운 구름 속으로 뛰어들고,
유유히 부드럽게 밀려오는 그윽한
둥근 구름바다 속에서
이 몸 또한 아득히 한 방울
가난한 물방울입니다

낙천봉에서, 2005년 1월

하늘이시여
감읍感泣하옵니다

제3부

꽃피는 그대

산이 있어 강이 있어
꿈꾸는 그대,

함초롬 딸이 있어
쬐끔 생긴 아들 있어
꿈꾸는 그대,

술 밖의 남편 다시 얻어
꿈꾸는,
꽃피는 그대

아내의 숲

내가 숲 속에서 꿈꾸고 있을 때
아내는 자기만의 숲을 가꾸었다
내가 숲 밖으로 나오려고 할 때
아내는 자신의 숲을 열어 보였다
내가 숲 밖으로 나왔을 때
아내는 자기의 숲을 나의 숲으로 만들었다

아내가 권하는 술

내 영혼을 차지하기 위한 긴 쟁투에서
마침내 아내가 술을 이겼다.

이중 결혼 생활을 청산해야 하나.
술에게 보따리 싸서 가라 해야 하나.

본처 자리를 확보한 자의 여유로움이랄까,
헝클어진 머리를 가다듬은
아내는 훌쩍이는 술을 데려와
옆에 앉힌다.
더불어 정답게 살자며 건네는
녹색 치마저고리.

웃음 띤 녹색주, 한두 번 입맞춤,
벌어지는 내 입,
그리고 화―안해진 세상.

세상과 치마폭

간이 파업을 조건부 해제했다.

2년 4개월 태허太虛 속
영혼 찢는 욕망의 교육.

마침내 빈 마음, 중간 결산서.

술과의 이혼을 강요하는
아내의 치마폭 벗어나

술 권하는 세상에게,
간이 협상안을 제시한다.

주당週當 녹색주綠色酒 한 병?
하늘의 뜻?

땅에
내

리
는
평화,

길은 광야의 것이다.

완전 독립

간난艱難의 식민지 해방 투쟁,
독립, 그리고 탈脫식민주의

지나 설렁설렁 데리고 논다,
공화국 주인답게.

젖 뗀 후

어쩌다
한 병,

없어도 되고.

사랑의 능력

고통 속에 얻은 자유,
너를 사랑한다.
너는 사랑하지 않아도 된다.
내가 사랑하니까.
한 하늘이 붉게 타고 있다.

봄비

술 밖의 세상에 첫 봄이 찾아왔습니다
저에게 첫 손 내미는 봄의 숨결,
풋풋하기 이를 데 없습니다
저에게 첫 가슴 내미는 봄의 체취,
향그럽기 그지없습니다
저에게 첫 눈물 보이는 봄의 자태,
그윽하기 형언할 수 없습니다

술꽃 세상만 보아 온 저에게
이토록 아름다운 세상
하나 더 가져다 주시오니……
술창 밖의 첫 봄 깊고 푸른 눈물
온몸으로 껴안게 해 주시오니……

처음, 이제 됐다 네 몫의 책임량은 다 채웠다
무뚝뚝하게 말씀하셨을 때
못내 섭섭하여 자꾸 바다가 그리웠습니다
중삼 때 시작한 술, 한 오십 년 족히 마신 셈이거늘

이제 어디 한번 술 밖에서 놀아보거래이
부드럽게 말씀하셨을 때
그때도 술 밖에서 놀 줄을 몰라 내내 산만 찾았습니다
네 술 나이가 칠십이거늘 사랑 나이가 대체 몇이더냐
엄하게 꾸지람하셨을 때
그때 머리가 환해졌습니다

오늘 첫 봄의 눈물 속 세상 가난한 사람들에게
가난한 사랑 편지 새로 쓰겠습니다
첫 봄의 깊고 푸른 눈물 속
술창 밖의 첫 사랑 편지
봄의 기지개에 실어 천지 사방
푸릇푸릇 부치겠습니다

숲 밖의 봄비

봄비 소리가 새벽잠에서 불러내어
홀로 어두운 숲에 섰습니다
세상 가득한 안개비 속
홀로 그득 어두운 숲의 내음,
깊고 풍성하기만 합니다
저 혼자 어두운 깊은 아득한
고즈넉한 아름다움
저 편으로

유장하게 청아한 계곡 물소리
그윽히 흐르고 흘러
낙동강을 만나고
태평양을 만나고
마침내 지구 위를 돌고 돌다
우주 바다 어느 별 섬에 닿아
또 돌고 돌다
다시금 그리운 지구 별,
이 계곡물로 되돌아올 때까지

봄비 소리 따라 봄 물소리 따라
보이지 않는 머나먼 아득한
바람소리 별소리 따라
더 낮은 데로
더 부드러운 데로
더 둥근 데로 내리고 싶습니다
내리고 내려 세상, 아득히
있는 그대로
나직나직 이윽고
그득 사랑하고 싶습니다

네가 그리운 날 꽃을 쓴다

네가 하염없이 보고프면 난 꽃을 쓴다
그리워하다 생각하다 마침내 꽃을 그리노니
받아 다오 이 꽃, 이 지향, 이 붉음을!

물새의 기억

내 사랑하던 것들
언제나처럼 내 곁을 떠나고,
별안간 바람 부는 강둑을 만난다.

물새들이여, 너희는 어떻게 만나고
어떻게 헤어지느냐? 다시 만나느냐?

느닷없이, 그를 만나듯, 느닷없이, 어느 날,
만나고 또 헤어지느냐? 바람 속에서?

바람이여, 그러나 만남은,
내 마음 속에서처럼,
언제나 이미 거기 있었던 것,
헤어짐은, 그러나 언제나 이미, 거기 있었던 것,
우리는 바람 속에 만남의 집을 지었던 것.

바람의 갈대들이여, 떠난 사람의 바람처럼,
내 마음의 갈대 바람처럼,

언제나 이미, 우리는 이별의 집을 지었던 것,
저 물새들처럼, 바람의 집을 지었던 것.

잊으리라, 물새의 기억만큼,
잊으리라 잊으리라
바람의 기억만큼, 갈대의 기억만큼,
물새의 하얀 기억을
강 저 너머, 날려 보내리라
안개 강 너머, 홀연, 날려 보내리라.

채영이 생일날

노랑머리 채영이
하이얀 채영이

하늘의 뜻을 받아
이 세상에 온
한국에 온
화명동에 이사 온
분홍 채영이

하늘의 뜻을 받아
영혼이, 몸이
가 닿을 수 있는 데까지
사랑하는
수염 난 아빠

땅 위의 선물 하나처럼
덧없을지라도

채영이 온 날 맞아
술 밖의 아빠가
건네는 조그만
분홍 편지

띠여—엉, 싸—알랑해

장하구나 재륭아
― 아들에게

넓은 강 도도하고
깊은 물이 멀리 흐른다.
옛사람 일렀으되,
뿌리 깊은 나무
바람에 흔들리지 않고,
샘이 깊은 물,
가뭄에 마르지 않는다.

네가 어느덧 십대의 '청춘'이라,
하고 싶은 것 하 많아,
심란할 나이구나.

미풍에 흔들리는 나뭇잎이나
잔바람에 잔물결은 네 모습 아닐지니,

그새 네 발이 아빠 발보다
장하구나. 그래그래,
정말 장하구나, 재륭아.

아들의 출가

무너진 학교에 꼭 다녀야 합니까.
학교를 그만두고 저 출가합니다.
아버지, 이 얼마나 가슴 후련한 일인가요.
어찌나 기특한 일입니까요.
선생 같잖은 선생들한테
배울 건 또 뭐 있겠습니까.
학생 같잖은 학생들하고
어울려 뭘 하자는 말씀입니까.
아버지, 저 이윽고 출가를 결심하였습니다.
제가 부처님은 아니지만
되지 말라는 법 또한 없지 않습니까.
저 혹시 성불成佛할지 모릅니다.

새 천년 스승의 날

나 그대들에게 진실 되라,
선량하라, 못 가르쳤으니

남 밟고 올라가라
가르쳤으니

아름다움이 무엇인지
못 가르쳤으니

진실로 추함이 무엇인지
못 가르쳤으니

나, 비로소
스승이 아닐까, 말까

마음속의 하늘

부산 연지동 청구아파트
103동 2401호

시월 푸른 하늘이
마음속으로 내려와 앉는다

그득,
그대 떠난 자리를 채운다

하야리야 부대 취침나팔 소리

부산이라 부산진구 밤 열한 시면
어김없이 들려오는 저 나팔 소리

하이어리어 하이어리어

(고 어웨이 야리야!
고 홈 하야리야!)

언제까지, 미국이,
우리를, 잠재울, 것인가.

새벽 합창대

꿈결인 듯 들려오는, 이쁘게, 이쁘게,
새벽꿈에서 불러내는, 이쁘게, 이쁘게,

순간순간 몸 바꾸는 하늘빛, 이쁘게,
순간순간 모양내는 나무들 자태, 이쁘게,
순간순간 빛깔 내는 꽃들의 모습, 이쁘게,

츠윗 츠윗, 흐르르르르,
첫첫첫, 퓨르르르르, 쪽 쪽 쪽,

아, 이쁘게, 이쁘게,
살아 갈 세상! 그립게, 그립게, 살 만한 세상!

꽃나무와 아이들

1
꽃밭에는 꽃들이 모여 살아요
우리들은 유치원에 모여 살아요

서가온 선생님
서가온 선생님

착하고 귀여운
아이들의 꽃나무

2
꽃밭에는 꽃들이 모여 살아요
유치원엔 아이들이 모여 살아요

어여쁜 꽃들아
어여쁜 꽃들아

착하고 귀여운

서가온의 꽃들아

3
유치원엔 꽃들이 모여 살아요
꽃나무 한 그루도 함께 살아요

그윽한 눈길이
따스한 미소가

우리들의 햇볕 되고
바람 되고 물 되요

제4부

내 가슴 속의 새

옛날 옛적
내 가슴 속
새 한 마리 살았네.
그 새, 내 가슴에
술밖에 사랑 없음 발견하고,
울면서, 울면서,
내 가슴을 떠나갔네.

오늘
그 새, 사랑에 목말라,
제 사랑에 목말라,
내 가슴에
다시 날아 왔네.
그리고 나,
마시고 마시고 또 마신다네.

야성의 술 길들이기

거친 술 마신 후
언제나처럼

가방 잃고 지갑 잃고
혹은 무릎 깨고 안경 깨고,

길들지 않는 이경술의
야성의 술이여,

새 천년에는 기필코
길들여, 술을 데리고 놀까 말까?
산전술전 다 겪은
주경수여!

(할렐루야!)

밤 깊은 술노래

떠날 사람 떠나고
남을 사람 남게 하라.
우리가 알아야 할
이 밤의 진실,
오직 이것뿐.

술독이 비었는가,
취흥이 모자란가.
술벗 있어 그만,
없어 또 그만.
갈 사람 떠난 자리,
그대랑 나랑
둘만 남아 흥겨우려니,
그대, 도저한
한 병 주우酒友여!

'있음'의 '없음'
─혹은 '없음'의 '있음'

주경수의
술!

아니,
없어도 되잖아!
아아니,
더 좋잖아?

(그 참, 간사하네)

이경술의 1990년대

김영삼이 대통령 되던 날
나, 절망의 술을 마셨네
운동이 날아가던 날
또, 절망의 술을 마셨네
술이 날아가던 날
또, 절망의 술을 마실 수 없었네

술이 날아가던 날
누구는 나를 보고
이빨 빠진 호랑이라 하였네
술이 날아가던 날
또 누구는 나를 보고
못 마신다 못 마신다
깔짝깔짝거렸네

세월이 가면
술 없음의 세월이
사람 없음의 세월이 가면,

새 천년의 아침
저만치 밝아 오는 날

뭔가가 나를 향해
날갯짓해 올 때,
그 날개에 실려 돌아올까 말까,
오 나의 술이여!

(주님께 영광!)

이중 결혼

내 영혼을 차지하기 위한 긴 쟁투에서
박카스가 이길 것인가, 박령이 이길 것인가.

그야 물론 박령이겠지.

간肝에 깃든 하늘의 뜻이 있으니까.

아아니, 가슴에 새 사랑 싹텄으니까.

간肝의 파업

이십 년 넘은
떼거지,

술,
술, 술,
술, 술, 술,
술, 술, 술, 술,
술, 술, 술, 술, 술,
술, 술, 술, 술, 술, 술,

해독 노동에 지쳐
이제 총파업이다!

사용자여,
당신의 혹사 속에 죽어 간
무수한 해독 노동자 동지들의 이름을 걸고,
우리 살아남은 간세포들은
더 이상의 술고문에 대하여
결사 항전을 선언하노라.

나 죽고 너 죽자!

하늘의 뜻

반 고비 나그넷길에
이 탈 내리시니,
술길 문득 끊어지고,
눈앞이 일식日蝕 되네.

술 없음의 어인 길,
어이 가라심인가,
무슨 달란트
저에게 주셨던가,

간肝에 깃든 하늘이시여!

나의 주

내내 그에게 끌려 다녔다.

이제 내가 나의 주인이다.

길은 다시 광야의 것이다.

작은 사랑 노래

시보다
바다보다
겨울 숲보다
당신을 사랑합니다.

자유보다
깊고 푸른 당신,
당신을 위하여
삭발도 하지 않습니다.
단식도 하지 않습니다.
당신을 위하여
술을 끊었습니다.

어떤 이혼

"이경술 교수님, 한 잔 드십시오."
"나 이혼했어."
"예?"
"그 여자와 이혼했다구."
"아, 예……."
"이혼 사유가 궁금하지 않나?"
"그야……."
"한 20년 동안 죽자 살자 사랑했는데,
기쁠 때나 슬플 때나 항상 같이 했는데,
알고 보니 내 몸을……."
"무슨 병이라도……."
"그 여자가 만인의 연인이라는 건 원래 알고 있었지만,
몹쓸 화류병花柳病까지 옮길 줄이야……."
"아, 예……. 그러면 아이들은……."
"살아 있는 자식들은 없어."
"아, 예……. 그럼 혼자……."
"홀아비로 살아가든지, 다른 여자를 천천히 찾아보든지……."
"아, 예……. 그럼 한 잔……."

"이혼했다니까.
그리고 내 이름은 이제 이경술이 아니고 이경수야."
"아, 예……. 그 여자 이름은……."
"필주, 강필주姜必酒야."

그의 졸업

술 학교 졸업하고
노래 학교 춤 학교 입학한
그의 근황이 궁금하다.
중삼 때 술 학교 뒤늦게 입학하여
학사 과정 석사 과정 이윽고 박사 과정까지
속성으로 수료하고 마침내
박사 학위 취득 후,
옥황상제玉皇上帝의 명을 받아
도사道士 과정에 진학한 그.

언제 도사 학위를 취득하게 될까?
나는 지금 무슨 과정 중이지?
학사 과정? 석사 과정? 아니면
박사 과정 중인가?
이런 제길. 공空.

술꽃 세상

끓은 게 아니라
떴으니까 마시지.

주경수의 무덤을 뚫고
피어나는 이경수,
혹은 술꽃 새 세상.

연옥통신煉獄通信
— 염라대왕의 말씀

네 주경수酒慶洙 듣거라.
지옥에 떨어지는 대신
이곳 연옥에 온 것을 크게 기뻐하라.
술 사랑 제대로 못해
술에게 실연당해 죽은 너,
이곳에서 정화의 불길로
투박한 네 영혼 불태워
먼 후일 천국을 준비하라.
그곳에 네 첫사랑도 함께 할지니,
지금 이 연옥을
크게 크게 기뻐하라.

어떤 신곡神曲

반 고비 나그넷길 넘어
어젯밤 안내자도 없이 지옥을 들어갔네.
이글대는 유황불 속,
일그러진 찌그러진 표정으로
교수들이 노동을 하고 있었네.
에잇 밥맛,

연옥을 들어가니 이게 웬 말,
보직 교수들이랑 직원들이랑
실랑이를 벌이고 있는 게 아닌가.
흐허허헐헐, 한 보직 교수에게 물어보기를,
학생들은 다 어디 갔소?

학생들요?
학생들이야 천국 가는 것 아닙니까?
의아스레 쳐다보네, 나를!
천국은 학생용이라고?

오오 빛남의 천국이여,
혹은 빛의, 빛 밖의, 서방정토여,
우리 학생들은 어디에? 그 어디에?

교수님, 우리 전부 여기 와 있습니다.
빨리 올라오십시오.
저희들 손 꼭 잡으세요. 떨어지지 않게요,
아니면 타락하시지 않게요.

타락? 내가 더 타락할 게 뭐 있냐?
교수면 됐지, 뭐 더⋯
그런데, 이사장님은 어디 계시냐?

에이, 교수님,
저희들은 농담도 못하는 줄 아십니까?
이사장님은 연옥에 계시고,
교수님도 지금 천국 오시려고
발버둥치시는 것 아닙니까?

저어기 마리아님 옆에
교수님의 베아트리체가 기다리고 있습니다.
빨리 올라오십시오.

그럴까? 흐헐헐헐헐,
떽!

술 졸업

곡차학 박사 학위 받고 나니
도사 과정 들어 가라시네.
주경수 무덤 위에
하늘꽃
내
려
오
시
네.
뭔지
모르는
하늘, 하나 그 뜻
따르리라. 따르리라 시의 길,
하늘의 뜻이라면. 술 밖의 세상에서.

제5부

시적 인간

1
파리 한 목숨 못 죽이면서
세상 모두와 싸우는 사람

시대의 흐름을 거스르면서
한 시대 앞서가는 사람

그러나 남과의 싸움에 앞서
자기와의 싸움에 깊숙한 사람

뿌리에서 비극적인, 따라서
희극적일 수 있는 사람

바탕이 녹색, 그래서
적색일지 모를 사람.

2

'시인' 여부와 관계없이,
손, 머리, 가슴이 아니라,
온몸으로 '시'를 사는 인간.

초월 혹은 포월

포월이라고? 포월이 대체 뭐야?
시인의 필명이야,
아니면 뭘 잡는 달이야?

초월超越하면서
초월하지 않는 것이지.

뭘 초월한다는 거야?
이 세상을? 눈앞의 현실을?

그와 더불어,
자기를 포월抱越한다는 거지.

누가? 당신이?

나를 포월하는 한 시인이, 혹은
그 시인을 포월하는 내가.

놀구 있구만!

포월抱越의 봄비

봄비 안고 솟아오른다,
봄비 받으며 솟아오른다,
초월 넘은 포월이여,
포월 넘은 봄비여.

해탈

사랑도, 미움도, 영예도, 욕됨도,

있어도, 그만, 없어도, 그만,

마셔도, 그만, 아니 마셔도, 그만,

아, 그리운, 그리운!

나의 새는 어디에?

나의 새는 어디에?
나의 새는 어디에?

내 눈 속에? 아아, 정원 속에.
내 귀 속에? 아아, 정원 속에.
내 코 속에? 아아, 정원 속에.

나의 새는 어디에?
나의 새는 어디에?

내 입술 위에? 아니, 정원 속에.
내 젖가슴 위에? 아니, 정원 속에.

나의 새는 어디에?
나의 새는 어디에?

내 가슴 속에? 그래, 내 가슴 속에,
정원 속 내 가슴 속에.

미안하다 산새들아

미안하다 산새들아 풀꽃들아
이름을 몰라서 츠윗 취익 춰 흐르륵

나 밖의 무수한 나들이여
이것이 울음이냐 노래이냐

울음 없어 노래 없어
미안한 산새들아 풀꽃들아
강스러운 바다스러운 하늘스러운

숲 속에서 바람 속에서, 구름 속에서
지난 날 술 속의 나, 무엇을 보았나
술 밖의 생명들 있음의 없음?
혹은 빈 합창?

미인도美人圖

큼직한 벽안碧眼에 오똑한 콧날,
계란형 얼굴에 석류형 입술,
귀와 목덜미 비켜 간 긴 머리 타래,
살색 비치는 녹의綠衣,
밖으로 감아 든, 길숨한 두 손,
속에는 빠알간 석류 한 알.

욕정 전혀 부르지 않는,
라파엘 전파前派 미인도.
이 세상 것 아닌, 아름다움.
딴 세상, 미인도.

유부남의 비가

어찌 내가, 마누라 두 눈
시퍼렇게 살아 있는데,
한눈 팔 수 있겠는가?
용맹한 사람들은 공공연히,
혹은 은밀히, 새 사랑 꿈꾸고
불륜을 말하지만,
나 어리고 소심하여
하릴없이 눈만 껌벅일 뿐.

하지만 아, 내 다시
미혼의 몸이 되어,
저 여자 한 번 품어 봤으면!

남과 여

왜 사는가? 죽지 않기 위해서.
왜 죽지 않으려는가? 사는 게 재미있으니까.
죽어 보았는가? 죽음은 재미없을 것 같아.
동물에 만족하는가? 너나 나나 동물이야.
문화는? 살아가는 게 문화야.

사는 건, 죽기 위해서 사는 거야,
의미 있는 죽음을 위해서야.
무엇이 의미 있는 죽음인데?
이념이나 대의 속에 죽는 것?
나를 포함한 남들을 위해, 쓸모 있게 죽는 것이지.
쓸모 있는 삶도 있잖아? 쓸모 있는 삶이란,
쓸모 있는 죽음의, 준비로서만, 의미 있는 거야.
말이 안 통하는군. 정말 그렇군.
그런데, 언제 죽을 건데? 준비되는 대로.
준비 많이 해보셔. 그러지.
헤어지지. 그러지.

그대 만난 다음날

그대 만난 다음날, 바람 노래 꽃노래,
함께 하였다. 그대 만난 다음날,
바람 노래 새 노래, 함께 하였다,

수초들 춤추는, 그대 만난 다음날,
물고기들 춤추는, 그대 만난 다음날,

바람 노래 꽃 노래, 그대 만난 다음날,
바람 노래 새 노래, 그대 만난 다음날,

춤추는 수초들, 그대 만난 다음날,
춤추는 물고기들, 그대 만난 다음날,

지금은, 어느 강변에?

깨어진 맹세

순례의 영혼이여, 덧없는 말들이여,
무상無常의 얼굴이여,
뜻 떠난 맹세들이여.

웨딩마치 없이도
행복할 수 있었으리라,
그대 순례의 영혼을 위하여
내 가난한 사랑 노래 바칠 수 있었으리라,
풀과 별을 노래할 수 있었으리라,
밥과 노동을 노래할 수 있었으리라.

남이고 북이었던, 나의,
동이고 서였던, 나의,
아침이고 밤이었던, 나의,
그리하여 노동이고 휴식이었던,
나의, 나의, 나의, 그대.

해와 달을 노래할 수 있었으리라,

세월을 노래하고, 예처럼,
세상을, 사람을, 노래할 수 있었으리라.

흐르지 않는, 상실의 강물 앞에서,
깨어진 거울 앞에서,
비치지 않는 얼굴 앞에서, 지금, 나는.

떠나는 그대

언제나 이미, 그대는 떠나고 있고,
언제나 이미, 나는 그대를 만난다.

그 어느 꽃잎 피어나던 날,
작은 새 한 마리
내 가슴에 깃을 틀던 날,

깃 털고 날아가는 새 그림자,
밑으로 비치는, 소리 없이 지는,
꽃잎의 소리를, 언제나 이미, 나는 듣는다.

새의 사랑이여, 꽃잎의 사랑이여,
세월이 흘러 그대 가슴만큼, 그대 사랑만큼,
작아진 내 사랑의 무게, 내 작아진 가슴,
언제나 이미, 바라다본다.

새들이여 노래하라. 꽃들이여 노래하라.
바람 부는 강변을, 얼어붙은 강물을,

묶여 있는 거룻배를.

언제나 이미, 그대는 떠나고 있고,
떠나는 그대, 언제나 이미, 나는
도처에서 만난다.

당신을 보았습니다

당신이 떠난 뒤
남자들의 손길을 다시 헤어 보았습니다.
당신이 떠난 뒤
당신의 손길을 다시 측량하여 보았습니다.

사람들은 당신이 나를 버렸다 말들 하지만
나는 당신을 보내지 아니하였습니다.
당신이 나를 잊었다 말들 하지만
나는 당신을 보내지 아니하였습니다.
돌아오지 않는다 말들 하지만
나는 당신을 보내지 아니하였습니다.

사람들이 모이는 곳 도처에서
당신을 잊겠습니다.
사람들이 모이는 곳 도처에서
당신의 황금의 손길을 잊겠습니다.

사람들이 모이는 곳 도처에서
당신을 보았습니다.

조선의 반도

저곳이 인간 세상인가,
구름 아래 저곳,
정녕 인간 세상?
산수 어여삐 펼쳐진 곳,
물보라 부서지는 곳!

족제비가 족제비 알아보고,
어둠의 동굴인 양,
쥐새끼 쥐새끼 핥아 주는,
물 바닥 시궁창인 듯, 저곳, 저곳,

정히 인간 세상인가, 인간 세상?

뜬구름 위,
홀로이 외로이 날음이,
그대 몫!
환인도 환웅도
아서라, 웅녀 꿈,
조선사람 꿈, 아서라,
당겨 아서라.

꽃밭에서

술 밖의 남자,
꽃 속으로 날아가네.

한 꽃 맡아보네. 두 꽃 만져 보네.
세 꽃 손 맞춤, 네 꽃 가슴 맞춤
다섯

꽃이 되어 노래 부르네.
꽃들과 꽃다운 꽃노래 부르네.
꽃 마시며 꽃들과
꽃노래 꽃밭에서 부르네.

옛 친구

그대 어깨 위 한 세상 열린다.
그대 가슴 속 한 세상 닫힌다.

그대 꿈 세상은, 늘 그대 비켜 가고
비켜 간 자리에 내리는 어둠 밝히는
이름 모를 새 소리,

그 소리 속 그대 가슴 묻어
한 천년 넘어 봤으면
한 천년 죽어 봤으면.

그대 꿈 삶은
늘 그대 어깨 너머 빛나고
그대 떠나지 못하는 흰 구름
깊디깊은 애증의 강.

천년 묵은 도토리나무의
잠을 깨우는
요란한 새소리 새소리
함께 허공으로 날아가는
하릴없는 그대 꿈.

물소리

물소리 속에는
고향이 들어 있다.

산새 소리 매미 소리 따라
일렁이는 어린 시절
가난한 밥상
호박잎 풋고추 된장
어머니 얼굴
감자묻이 멱감이 동무들
히히히 첫 사랑 건네주는
삶은 옥수수
하모니카 소리.

물소리가 전해 주는
환한 그 시절
철없이 그립게 돌아 돌아
계곡 너럭바위 위 홀로 앉은
까아악 까아악

<u>스르르 스르르</u>.

술 밖에서
만나는 첫여름
혹은 작고 아름다운
또 하나의 세상.

겨울나무

봄이 와도 겨울나무여,
너 떠난 자리 언제나 빈자리.

겨울은 봄을 낳고, 봄은 여름을
가을을, 겨울을, 또 봄을.

그러나 내 마음의 자연
변함없는 겨울,

잎 없는, 꽃 없는, 열매 없는
뼈, 그리고 뿌리.

희미한 첫사랑의 그림자

1
육촌, 나의 첫사랑,
짝사랑이었다네

미국의 포우는
사촌과도 결혼하였다지만,
동방예의지국 고등학생은?

육촌이란 무엇인가,
벙어리 냉가슴
삼류 소설로 풀려
연애편지 아닌
연재 편지로 보내었고 보내었고,

오빠야, 이게 무슨 말이고?

2
세월이 흘러 대학생 시절

나의 짝사랑
드디어 눈치 챈 누이,
가엾게 여겨
친구 하나 소개시켜 주었네

술이 덜 깬 어느 날 아침
그 친구와 뽀뽀
막 하려는 순간,
문이 덜컥,

엄마야!
쾅!

3
경복궁 구경 나가는 길,
니 와 팔짱 안 끼노?
재수 없다!
?

그 하늘 이 하늘

　그대 하늘은 그 쪽에 펼쳐져 있고 내 하늘은 이만큼 이쪽 따로 떨어져 펼쳐져 있다 그대 하늘에 일었다 스러지는 바람은 내 살갗에 와 닿지 못하고 그대 바라보고 있을 그대 하늘의 별을 내 눈은 함께 보지 못하고 내 하늘 뒤덮은 먹구름이나 내 하늘 가득히 반짝이는 햇빛이나 내 하늘 얼룩 지우는 물방울들이 그대 마음 뒤흔들 수는 없으리 그대 보려 하늘로 오른 내 마음들은 서너 시간 강줄기에 막혀 그대 미소 띤 모습이나 꿈꿀 뿐 그대 손짓과 입놀림과 몸짓들은 칠백여 리 산천이 가로막아 이쪽 하늘엔 비치지 않는다 그러나 나직이 입을 열어 마음이 지척이면 그 쪽 하늘 향해 말을 띄웠을 때 천리라도 지척이고 그대 또한 이쪽 하늘 향해 나직이 말을 띄운다면 서너 시간 강줄기가 칠백여 리 산천은 금세 사라지고 그 하늘 이 하늘은 한 하늘 되어 우리들 가슴은 하늘하늘 한 하늘로 올라가 춤을 추리라 가슴 맞잡고 맞가슴 잡은 춤에 우리는 취하리라

무제

여름에 그는 갔다.
봄바람과 함께
물오른 버들가지, 피어난
꽃다지의 벌린 품속으로
봄바람처럼 안겨 들며 그는
첫 숨을 내쉬었다,
올망졸망 지친 야산
피곤하여 흘러가는 개울,
여기서 저기서 보게 되는 한국 땅,
조그만 모습,
그 속 산골 농가, 여러 채 중 하나.

초여름 같이 그는 갔다.
이른 봄, 훈훈한 바람,
쌀쌀한 눈발이 흩뿌릴 때 있어도 그는,
푸르게 푸르게만 뻗어난
버들가지를 꿈꾸었고, 다만,
피어서 활짝한 꽃들,

그 꽃으로 옷을 만하니 미미한 천지,
그려보았었다, 그려.
옷 벗고 내려앉은 버들가지, 풍요롭지
시들어 누운 꽃들, 화려하게,
그 의미를 보지 못했었다, 이미.

봄바람을벗어나여름그무성한초목속으로접어들면서그는가을의낙엽
을겨울의눈발을주위초목의내부에서자신의안켠에서조금씩알아채기시작
했다불타는장미속에서잿빛가시덩굴을푸르게넘치는물결속에서냉담한얼
음을아프게아프지않게만그는느껴가기시작했다.

순 감정을 그는 좋아했었다,
이성을 따랐었다, 그는, 허나 역시 어설프게,
겨울을 피부로 만날 때도
여름을 눈빛처럼 눈빛으로 만나고 있었다,
그리고 한 때.

이제그는갔다우리와함께있지않다그는바다에서물결을들려주리우리

처럼그도부서졌다고물살처럼그는살을벗었다아름다운검은색더러운흰색
을그도한때좋아했었다그리고좋아했어물그리하여물이되어이제도저제도
물물이제는물아직.

   돌이켜보면 그도 역시
   인간적이었다, 우리처럼,
   그러고도 우리처럼
   봄의 벚꽃을
   여름 장미를 그는 바라다보았었다,
   나름의 얇은 피부 속
   언제나 들국화처럼의 가을을 매화처럼의 겨울을
   거기 안고 다니면서, 도.

   그는갔다우리처럼인간적으로그도술을좋아했었고남들을웃으며바라
보았었다그리고이제그는가버렸다즐거운이지상을벗어나면마치서러운하
늘서글픈다른세상이라도있는것처럼,마침,그는갔다.

제6부

낙동강

낙동강 흘러 흘러 어디로 가나
앙가슴에 피멍 안고 어디로 가나
칠백 리 휘돌아서 검푸른 세월
불타는 저녁놀에 비껴 나는 철새 떼는
한번 가고 돌아오지 않는구나
아 슬픔으로 한으로 아픔으로 넘쳐

낙동강 흘러 흘러 어디로 가나
앙가슴에 피멍 안고 어디로 가나
물금이라 취수장에 페놀이 떠도
돈 많은 사람들은 양산 계곡 물 사 먹고
부곡이라 하와이로 놀러 간다
이 슬픔으로 한으로 아픔으로 분노로 넘쳐

낙동강 흘러 흘러 어디로 가나
앙가슴에 피멍 안고 어디로 가나
을숙도라 갈대숲은 뿌리 뽑혀도
철거민 천막촌 쪽배 어부는

아침부터 깡소주에 썩은 재첩국
아 슬픔으로 한으로 아픔으로 분노로 넘쳐

낙동강 흘러 흘러 어디로 가나
앙가슴에 피멍 안고 어디로 가나
하구 둑 가로막아 앞길 캄캄해도
사상공단 어린 여공 지친 야근 길
가녀린 어깨 뒤엔 움켜쥔 주먹손
아 슬픔으로 한으로 아픔으로 분노로 넘쳐

낙동강 흘러 흘러 어디로 가나
앙가슴에 피멍 안고 어디로 가나
칠백 리 굽이쳐서 검붉은 세월
낙동강 파수꾼 부릅뜬 눈엔
한 방울 불타는 눈물 한 방울
아 슬픔으로 한으로 아픔으로 분노로
힘으로, 큰 물결친다

부활의 이 아침, 그들은 어디에

굴종과 배반의 긴 밤을 뚫고
아침 해 벅차게 동해에 솟아오른다
금빛 파도에 몸 출렁이며
해방의 조선 반도 푸른 하늘 풋풋하게
끌어당긴다 풋가슴으로 햇살 넉넉하게 껴안는다
바람이 웃는다 새들이 춤춘다
꽃들이 노래한다
아침이다 장엄한 새아침이다
기어코 눈부신 조선의 새아침이다

오늘은 통일 원년의 새아침
해방된 통일 조국의 첫 잔칫날
자작나무 우람찬 숲 사이로
자욱한 안개 그득한 햇빛
무리 지은 깃발들 숨차게 달려온다
노동해방, 참교육, 정론 직필
자주, 민주, 그리고 통일의 깃발들

그들은 지금 어디에?
장엄한 부활의 이 아침, 그들은 어디에?

껍데기들은 어디에?
그 모든 쇠붙이들은 어디에?

부활의 목을 비틀던
배반의 병아리 울음소리 들린다
주영이가 운다
무식하게 일자무식하게
머리 풀고 온 넋으로 운다

징이 울린다 북이 울린다
백두 꼭대기에 깃발들 함성 되어 꽂히고
하늘이 열린다
주열이가, 태일이가, 상원이가
햇빛 타고 살아온다
종철이가, 한열이가, 철규가
산 자들과 어울려 떡과 술을 나눈다
경대와 승희가 조선 춤을 춘다 해방 춤을 춘다
온 누리에 들꽃이 피어난다
새 세상이다 새 세상이다

김 씨의 어느 겨울
— 1994년 벽두에

오늘, 군청 앞에 농기계 반납하고,
주민등록증도 반납하고,
볏가마니를 불태웠다.

돌아오는 길,
우리네 저마다의 삶처럼
흐린 하늘에 눈송이 흩날리고,
들판엔 빈 바람만 무성하였다.
샛강도 몸져누웠다.

이 겨울, 온몸 떠는 갈대밭 위로
지난해의 쌀 약속 눈발 되어 흩어지고,
왕 뒤에 더 큰 왕의 채찍,
별무늬 깃발 앞세우고
얼어붙은 땅 위를 미쳐 춤춘다.

아버지와 마주 앉아 소주잔 위로 떠올리는
농자천하지대본,

동학년 척왜양 보국안민의 깃발들,
갈라지는 황토현 붉은 함성들.
어두운 하늘에 성긴 눈발 다시 흩날리고,
아버지가 나직이 잔을 건네신다.
꼭 오늘이 아이라 케도,
날이 풀리마 좋은 일도 안 있겠나.

아이야, 세상모르고 잠든 아이야,
네 쌕쌕이는 봄의 숨결을 위하여
이 겨울밤 허허로이
네 꿈의 환한 창밖을 서성이며,
단풍잎 네 손에 떨어지는
한 방울, 불타는 눈물 한 방울.

강풍 속의 물오리

1
강풍 안고 강변 달리니
자전거 휘청, 그런데,

녀석들, 백조였으면 좋았으련만
오리들이군.

어떤 녀석 수면에 물갈퀴 세워
푸드득 바람 탄 날갯짓,

또 어떤 녀석 감히 여유작작,
치고 가려면 가보라는 듯,
앞길 가로막고 뒤뚱거리며, 힐끗.

2
그 음악은 제발
틀지 마세요, DJ,
IMF 음악, 강풍이라며
아이 엠 에프, 아이 엠 에프
틀지 마세요, 제발,

아이 엠 에프 I am F 아니어도,
아미리국亞未里國 아니어도,
니뽄노 아니어도,
중국衆國 아니어도,

불어왔을 그 음악,
그 음악은 제발 틀지 마세요
DJ, DJ.

3
YS는 이제 잊고, 제발,
감방 보내고 잊고, 제발,
강풍 속의 물오리처럼!

창 밖의 여자
— 추억의 패러디, 1990

창가에 서면 눈물처럼 떠오르는
둥그런 모습,
돌아서 눈감으면 대머리여라.

한 줄기 바람 되어 거리에 서면,
대머리는 노가리 되어 내 눈을 찌르네.

누가 대머리에 가발 씌워 놓았는가.
누가 육이구에 오공 육공 하는가.

차라리, 저기 저 점잖은 넥타이 부대에게
총기를 지급하여, 외근하게 하여,
범죄와 전쟁하게 하여,

노가리를, 영원히, 잠들게 하라!

임을 위한 행진곡
— 추억의 패러디, 1994

노가리도 문어 대가리도
한 마리 남김없이
초장 찍고 고추장 찍어서
얼큰히 마셔 보자는 말씀,
인가, 아닌가?

그란디, 문어는 어데 있나.
노가리는 어디에?
헌 날이 갈 때까지 보글부글 끓이자.

그리하야 마참내, 문어의 혼백 북망산천 찾아갈 제,
한쪽에선, 너어화 너어화 너화넘차 너어화, 땔랑땔랑땔랑,
또 한쪽에선, 와 이리 좋노 와 이리 좋노 와 이리 좋노, 쾌지나칭칭 나네.

이리하야, 북망산천 들어가며
그 문어 혼백, 마즈막으로 남기는 말씀:

앞서서 가나니 노가리야 따르라,
앞서서 가나니 땡삼아, 니도 어여어여
나를 따르라— 꼭!

내가 역사에 재인이가?
— 추억의 패러디, 1998

누가 나를 감방에 보낼 끼고?
내는 할 만큼 한기라.
시작하기 전부터 도시마다 돌아 댕기면서 말했잖나.
이 기해에, 내가 정건을 잡으면,
이 도시를, 남북을 간통하는,
채대에 강간 도시로 만들겠다고.
한 번 둘러 바라. 남북이, 강간 국가 안 댔나?

누가 나를 감방에 보낼 끼고?
정건 잡자마자 우루루 캉캉,
간단하게 쌀 약속 디집어 갖고
세계하, 세계하 시켜났제, 그래서
힘든 농사 안 지어도 대게 됐제,
강주 문제 해결하라 캐서
주동자들 감방에 잡아넣었다가 풀어 주면서
훗날 역사에 심판도 맡겨났제,
교육도 장사라고, 시장 바닥에서 학교끼리
서로 박치기 시켜났제, 또 학생 아이들이
할 일도 많이 남았는데 자꾸 내리오라 캐서,

일 마무리 지을라고, 일망 타도해서
감방에 집어넣었제,
그래서 내 딴에는 학실히 한다고,
한보 앞세워 갖고, 가정이야 우쨌든동,
아이 엠 에프, 아이 엠 에프
학실히 불러났제,
이만하면, 편안히 물러나서
발 뻗고 자도 안 대나?

누가 나를 감방에 보낼 끼고?
야당 할 때 내가
닭에 모가지를 비틀어도 새벽은 온다,
라고 명언 남긴 것 가지고
배반의 삐아리, 어짜고 하면서
말 바꾸는 가수도 있었지만은,
사실 내 주학교 때부터 꿈이 머였드노?
대통령 대는 거, 그거 하나 아이가?
그래서 교해도 나간 거 아이가?
삼당 합당도 그래서 한 거 아이가?

대통령 대는 거, 그거 아무나 하는 줄 아나?
지금까지 대통령 해먹은 사람들한테
다 물어 바라. 야당 때 내가 단식투쟁한 것도,
학생들캉 노동자들캉 거리 투쟁한 것도,
알고 보면 다 이 때문 아이가?

누가 나를 감방에 보낼 끼고?
내가 역사에 재인이가? 재가 있다면
나라를 미연방 편입 몬 시킨 기
재라면 재가 댈까,
도대체 누가 나를 감방에 보낸다 카노?
그 일이 어데, 오년 갖고 대는 일이가?
한 번 더 시키준다 카먼 모를까,
내사 마 오년 갖고는,
도저히, 학실히 몬 하겠드라.
누가 나를 재인이라 카노?
누가? 감방에 처넣어 뿔라!
(아이가?)

세계 취한 여자

짱꼴라 향수에서, 쪽발이 향수에서,
양키 향수로 취해, 정신 놓고 살아온 여자.

머리에 양물 들어, 밤낮없이 양주에 젖어,
나남 분간 못하던 여자.

1997년 가을, 가까스로
정신 수습하려 들 때 돌연한 급습,

비틀거리다 버둥거리다
사지에 힘 빠진 여자.

호주머니 털려 거덜나면서,
아이 엠 에프, 아이 엠 에프,
거듭 확인하면서,
그 여자, 돌연과 비돌연 분간하였을까?
만든 것과 만들어진 것, 제 것 남의 것,
분간하였을까?

미국의 꿈

허공에서 허공을 가로지르며
시린 별똥별 하나 떨어진다

아득히 먼 저곳
수억 광년 너머 저곳
진화한 원숭이들의 행성

흰 원숭이들 거드름피우며
황색 흑색 원숭이들
눈물 흘리게 하는 곳
시린 눈물 떨구게 하는 곳

흰색 원숭이의 심장에서
별안간 불기둥 치솟고
먼지 구름 너머 힘센 흰색 원숭이
눈 부릅 치켜뜬다

예수라 불리는 자 따르는 원숭이들

알라라 불리는 자 따르는 원숭이들
허공 속 발길질들
허공 메아리치는 욕설의 미사일들

저 아름다운 별나라
진화한 원숭이들 아귀다툼 나라
흰색 검은색 황색 원숭이들
몇십 억 광년 너머 저 욕망들 아수라장

허공에서 허공을 가로지르며
시린 별똥별 하나
눈물 반짝이며 허공 속 곤두박질한다

부시가 부시에게

왜 저를 만드셨나요
처음 유배 왔을 때는 원망도 많이 하였답니다
왜 하필 저를 제국하帝國下 시대
세계하世界下 시대 미국하迷國下 시대
미국尾國에 낳으셔서 승냥이로 키우셨나요

나이 마흔 넘으면 얼굴 책임져야 한다고
전쟁 바빠 당신께선 한 번도 안 가르쳐 주셨지만
이곳 승냥이들 대번 알아보고
각별한 친근감 표시하였어요
하지만 처음엔 승냥이들 사람 눈 가지고 있어
동류의식 연대 의식 못 가졌는데
몇 년 지나 저도 덕분
사람 눈 웬만큼 갖게 되었답니다
순수를 조금 회복하였다고
어떤 시인 표현할지 모르겠어요

아버지, 당신께서도 인제 제 일을 두고

슬픔 거두시고 축하하셔야 해요
이곳 야수들의 혹성,
승냥이들이며 사자들이며 호랑이들이며
사람 눈 가진 모든 야수들
야수 탈 쓴 채
다람쥐들이랑 토끼들이랑 사슴들이랑
미녀와 야수처럼 그렇게 살아요
저를 체포하여 이곳 강제 유배시킨 POP에 감사드려요
한반도 남쪽 본부 둔
반전평화지구민중연대 Power of People에 청하시면
아버지도 생명 손상 없이 지구 떠나
지금 이곳, 우리들의 머나먼 야수들의 혹성,
드높은 순수의 혹성에서
야수적으로 그립게 사실 수 있을 거래요
사시다 POP 감정鑑定 뒤 원하시면
지구 복귀 가능하대요

배가 고파요 열매 먹고 힘내어

탕계통신蕩界通信 다시 보내겠어요
이곳 부시 야수들의 숲덤불
승냥이 살기에 정말 아름다워요
드높은 순수의 푸른 숲에서
부시 없어 새로 아름다운 지구,
아름답게 처음 눈길 던지며
예수 지구 가신 2천 몇 년
별 총총 녹색의 어느 밤

—혹성 부시 올림

인생이 바둑이라구?

아니여, 인생은 술판
아니면 개판이여.
인생이 바둑이라구?
허긴 맞긴 맞어여,
술판 아니면 바둑이 판이 맞어여.
바둑이한테 술을 한번 먹여 봐여,
술 먹은 거시기라고,
바둑이 판에서 잘도 싸워여.
한잔 걸친 바둑이는 겁도 없어여.
하룻강아지 범 무서운 줄 모른다고,
강포수 앞에서도
꼬리 내리지 않어여.
거 왜 있잖은감?
허다 안 되믄 꽁수라는 게 있잖여?
모로 가도 서울만 가믄 되는 기여.
인생은 바둑이 판,
술 먹은 바둑이 판이 맞어여.

히안아, 술 밖으로 나온네이.
인생은 마라톤이데이.
히안시럽게 여기까지는 술심으로
용케 걸어왔다만은
그러다가는 인생 완주 못한데이.
일등 못하더라도
도중하차는 안해야 될 거 아이가?
응? 사랑하는 히안

씨―, 그래도
이생은 술판 아니면 개판이여.
저생도 마찬가지여. 씨―

대식남의 겨울 편지

무적 맹호無敵猛虎 우람산 위로
붉은 해 솟아오른다
이등병 시절 한 번
일등병 시절 한 번
상병 달고 또 한 번
가슴 속 묻어 둔 편지
짝대기 넷 달고 기어이 날려 보낸다
평일에 내렸으면 더 좋았을
포천 막걸리 아니 포천 눈바람이여
왜 하필 주말에 서성대느냐
달콤스런 휴식 시간 좀먹으려 작정했느냐
순 심술쟁이 같으니라구
하지만 주말 눈바람이라도 좋다
가슴 깊숙이 묻어 둔 내 사랑 편지
머언 님 앞에 하이얀 그리움 실어 날라줄 터이니
바람이여 포천 눈바람이여
덩치 비해 술 약한 나 안쓰러이
지켜보시던 머언 우리 님

술 밖의 세상에
막걸리 대신 무더기 쏟아져 내려라
별바람에 듣자 하니
그님께선 술 졸업하셨단다
술 졸업 이후 탕계蕩界 별들과 노니신단다
바람이여 눈바람이여
멀지 않아 네 화사한 봄바람으로 몸 바꿈하는 날
천지 사방 휘몰아치는 꽃바람 속
나 한 마리 봄나비 되어 넘실넘실
금바다金海 타고 놀며
막걸리 소주 대신 그님 별시 한 편
청하리라 그립게

황동규, 그 아기

날로 더불어
논문 이야기하다가,
이쁜 여학생 찾아오자
그 아기 왈:
자네는 이제 나가보게!

또 날과 더불어
책 이야기하다가,
동석한 여학생
자리 비켜 주려 할 때
그 아기 왈:
아니, 남자끼리 무슨 할 말 있겠어?

(더럽다, 더러워!
혹은,
그 아기 참 귀엽게 구네!)

통도사 구경하고

공항으로 돌아오는 길,
동동주 한 입 적신 그 아기,
조수석에 앉아서 꾸벅꾸벅!

(풍장의, 풍장의
귀여운 아기여,
조으는가,
꿈도 없이?

힐힐힐)

지금 여기 Here and Now

문익환 목사님,
하이얀 한복 마이크 잡고
두 하늘 한 하늘 노래 부르시네.
따라 춤추는 민주 공원 기획전시실,
행원 거사 앵글 따라
그날이 오면 그날이 오면
온몸의 민중시인들,
해방꽃 생명꽃
무리 피워 노래 부르시네.

지금 여기,
남주 꺼병한 주먹손 노동해방 달려가고
지금 여기, 석규 철규 진숙이
그날 올 날 오늘 모아 꽃몸 모아 던져
종철이를 성만이를 무현이를
영혼의 일족一族들을
사정없이 끌어안고 몸노래 부르시네.

참교육 위해 살다간 신용길 묘
철부지 아들 얼굴 메아리치는
몇 방울 햇살,
아이 엠 에프 I am F 먹구름 속
새 천년 때리는 가녀린 햇발

너머 우리들은
지금 여기, here and now,
now here, nowhere, 없는 좋은 utopia들
꿈꾸며 춤추며 노래하는가?
american dream 못내 겨워
꿈꾸며 춤추며 노래하는가?
살아남은 자의 슬픔도 없이?
브레히트도 루카치도 없이?

청사포 크리스마스, 2001

장희창이 떠나던 날
청사포 하얀 모래도,
푸른 물뱀도 울지 않았다.

장희창이 떠나던 날 청사포 바다가 울었다.
메종 드 벨, 메종 드 벨,
좋은 집은 그 어디에, 파도 너머 그 어느 먼 곳에?

장희창이 떠나던 날
바다는 몸을 쥐어뜯으며 시를 읊었다.
내 앞에 무슨 파란 별이, 무슨 푸른 바람이,
무슨 좋은 집이 있겠느냐. 무슨 시가 있겠느냐.
무슨 장희창이 있겠느냐.
하얗게 부서지는 내 포말들,
푸르른 깊은 내 포말 하늘들 앞에,
신성아파트 김정미 자그만 하늘들 앞에,
부산 오랜만 이 성긴 눈발들 앞에,
이 낡은 세상 앞에.

더블린, 2002년 부활절

1916년 부활절, 더블린 시가에
꽃들이 날고 별들이 쏟아졌다
동쪽 바다 건너 꽃샘바람 불어올 때
소금기 타고 달려온 총탄들,
부활의 꽃봉오리들 단단한 가슴에 가 박혀
꽃망울 터뜨리며 별이 되었다

1916년 부활절, 수상한 꽃들의 수상한 사랑
수상한 별들을 부르고,
수상한 지나친 꽃들의 사랑, 그예
바다 건너 수상한 별들과 몸 섞어
검은 하늘 날아오르며,
대서양 동북단 자그만 섬나라
초록 새벽을 불렀나?

2002년 부활절, 어슬렁거리는 저녁 안개 속
더블린 사람들
기네스 흑맥주 안팎을 떠돌며

잿빛 북아일랜드 하늘
힐끗 한번 쳐다보고,
바다 건너 상륙한 봄 향기 못내 겨워
파아넬을 잊고 마이클 콜린스를 잊고 IRA를 잊고,
피어스를 잊고 코널리를 잊고,
조이스를 잊고 예이츠를 잊고,
마비를 잊고 사랑을 잊는다.

제7부

고탑의 시인을 찾아서
— 아일랜드 겨울 기행 1

살이 떠나고 피가 떠나고 뼈가 떠나고
시간처럼 역사처럼 바람처럼 사랑처럼
그대 열정의 늙지 않는 열정의 노래만 남아
노래만이 남아 나를 불러
문득 오늘 여기 섰노라.

구름 모자 신화처럼 반 뒤집어 쓴
민둥머리 벤 불 벤 산 아래
그대 자작自作의 묘비명

던지라 찬 눈길을
삶 위에 죽음 위에.
말 탄 자여, 지나가라!

그래 지나왔다.
말 없어 나귀 없어 노새 없어
배 타고 기차 타고 버스 타고 택시 타고
런던까지 더블린까지 벨파스트까지 데리까지
이윽고 슬라이고까지

그대 노래 따라 나 불려 왔다

녹나리는 어디에? 요정들은 어디에?
이니스프리는 어디에? 홍방울새는 어디에?

나 이제 일어나 가려네, 이니스프리로 가려네,
아홉 이랑 콩밭이랑 한 채 오두막이랑
아침 안개랑 저녁 홍방울새랑
찰랑대는 물결 소리랑 잉잉대는 꿀벌 소리랑

없음 뒤로 하고 요정 나라 뒤로 하고
나 이제 일어나 가려네. 골웨이로 가려네.
다시 일어나 가려네. 고트로 가려네

쿠울 장원은 어디에? 발릴리 탑은 어디에?

제국주의 귀족 저택
공화국 서며 쓰러지고
터로 남은 집 뒤켠 나신裸身의 겨울 숲 따라
시간 따라 바람 따라 사랑 따라 역사 따라

쉰아홉 마리 백조들 없음의 있음
저녁노을 찬 쿨 호수 위 선회旋回하며
푸드득 날아오르고

죽음 속으로 깊은 잠깬 그대,
발릴리 탑만 저만치 다시 서
기네스 흑맥주 또 다른 나
겨울바람 마냥 하냥 바라보는구나
그예 찬 눈길을 던지는구나

시인이여. 죽어도 늙지 않는,
잠들지 않는 시인이여. 삼면 에워싸고
살아 있는 시냇물 속, 이 고절의
고색창연의 고탑古塔 속에서
고탑孤塔 속에서, 고탑高塔 속에서
그대 무엇을 꿈꾸었는가?

초월을 민족문화를 세계 문화를
초월적 통합을 통합적 초월을
초월적 지상紙上을 지상紙上적 초월을

지상地上적 초월을 초월적 지상地上을
존재의 통합을 통합적 존재를?

아니면, 한 여인의 대답 없는 사랑,
혹은 그 초월을

아서라, 그 꿈 구름 같더라도
바람 같더라도 그 꿈 바람에 새긴
유토피아라 하더라도
죽지 않는 늙지 않는 열정의 또 다른
나를 다시 불러 모을
또 다시 불러 모을 그런 노래 꿈꾸어 불렀으면
꿈 노래 불렀으면 족하였으리라

모든 것이 쓰러지고 다시 세워지는
지상의 역사,
순환循環의 꿈속에서

혹은 그 밖에서.

부활절과 삼일절
— 아일랜드 겨울 기행, 1998 / 2

치명상 입은 몸 기둥에 묶어,
두 손에 칼과 방패,
어깨에 마침내 까마귀
내려앉을 때까지,
적들 앞, 쓰러지지 않는,
죽음 이상의 죽음
혹은 삶 이상의 죽음.

쿠훌런 상像을, 1916년 부활절을,
재건의 더블린 중앙 우체국을 뒤로 하고,
아일랜드 공화국에서 영국행 배를 탔다.

파넬에서 마이클 콜린스까지,
디 발레라에서 게리 아담스까지,
분노와 열정과 절망의, 바람과 파도와 물보라의,
그리고 마침내 희망의, 아일랜드해.

그 바다, 그 물보라 속에서,

보이지 않는 강철 무지개 그리며,
홀로 아일랜드 흑맥주 들이키며, 울었다.

그들에겐 '도둑처럼'
공화국 찾아오지 않았고,
남북 갈라져도 우리처럼 적대시 않았다.
먹고 입음 우리만 못해도
'하나의' 자주 공화국 만들려는
부활절 꿈이, 부활절 혼이, 살아 있었다.
초록으로 살아 있었다.

조이스와 예이츠
― 아일랜드 겨울 기행, 1998 / 3

팔백 년 식민의 역사,
아이들 영혼 깊이 잠이 찾아왔을 때,
한 줌의 공화파 자식들
'귀여운 병정놀이' 놀고 있을 때,

마비된 어미 몸에서 한 정신 빠져나가
어미의 사랑을, 도덕을 씹고 또 씹었다.

또 한 정신 빠져, 미모의 민족주의에 빠져,
정신없는 껍데기로 떠돌다가,
떠돌다가, 영혼의 자기 유배 떠났다.

그 아이들 그 정신들
이제 하늘의 몫,

공화국 되어서도 궁핍의 어미,

하늘의 자식들 껍데기 불러,

지금, 인자한 문화 상품,
이국인異國人 호주머니 긁고,
이따금 정신도 긁어 대고,

긁히고 있는 너는 누구?

영국 인상

1
대영박물관을 가보면
제국의 역사가 씌어 있다.
바다 밖에서 빼앗아 온 거대한 유물들,
관광객의 눈과 호주머니 긁어 댄다.

웨스트민스터 사원에는
양손 합장合掌하고
드러누운, 즐비한 유상遺像들 사이에,
제국의 내부사 적혀 있다.

그러나 웨스트민스터에도
런던탑에도, 공화국의 역사는 부재중.
크롬웰은 어디에?
헌팅턴이나 이일리의
이류 박제품 속에?

2
서서히 해가 지는 나라,
저녁참 잔광殘光 속 골동품과 더불어,
철지난 깃발 더불어,
제국의 언어 아직도 번쩍인다.
끝없이 펼쳐진 초록 평원의 나라,
성기게 뿌리는 저녁비 속
'양들의 침묵' 만 솟아오른다.

3
연합 왕국 영국은 영연방의 역사,
그 언어와 더불어 지구화 시대를 넘어,
후기 산업사회를 넘어, 어디까지 버틸 것인가.
그 역사 그 언어 쓰러져도,
잉글랜드는 왕국으로 서 있을 것인가.

4
그 자식, 아메리카 제국은?

잊힌 설날
— 1998. 1. 29.

오늘도 '출근' 하자
복사 가게 주인 왈,
해피 뉴 예이어!
아, 설이었구나!

나는 잊고 있었는데
어찌 알았느냐는 물음에,
이프 유 아 어 프로페서 오브 코리아,
아이 엠 어 프로페서 오브 더 월드!
(나는 '대영제국'의 시민!?)

캐럴이 울리지 않는 크리스마스를 지나,
설날까지 썰렁한가? 설렁이던 설날 모습,
코리아여, 이제, 썰렁하니,
찾아볼 길 없는가?

포스트 콜로니어니즘을 강의하는
가나 출신 한 흑인 강사의 말처럼,

사우스 코리아는 이제,
아이 엠 에프라는 이름의,
'대미 제국'의 썰렁한 콜로니인가.
아이 엠 에프I am F, 아이 엠 에프I am F,
속절없이 외쳐 댈 뿐인가?

코리아여, 코리아여,
콜로니에서 콜로니로, 언제까지?
코리아여, 코리아여,
'포스트' 콜로니에서 '포스트' 콜로니까지,
훼어 아 유 비튄인?
오어, 훼어 아 유 어밍?

캠 강변의 보름달

정월이라 보름달, 보름달 따라
정원 속의 물길, 물길을 따라,
소리 없이 흐르는 유람선 따라
줄지어 선 버드나무, 양洋버드나무,
이국異國의 자유, 자유, 자유의
물길을 따라, 자유의, 또는 외로움의,
푸근한 외로움의, 술집,
창꼬치와 뱀장어, 뱀장어 따라?

코리아여, 아직도, 캐럴 없는 크리스마스
물결을 지나, 흥청 없는 설날의
파도를 지나, 기억 없는 대보름 부딪치는가?

조선의 가슴이 잊힌 지 오래,
대보름 불놀이 잊힌 지 더더욱 오래.

옛 시인 잊힌 지 또 더욱 오래,

하늘에 보름달 하나,
강 속에 보름달 하나,
잔 속에 보름달 하나,
내 마음 속에 보름달 하나.

정월이라 보름달, 이국의 보름달,

기억 없는, 이름 없는, 얼굴 없는, 보름달!

빈 가슴

1
무엇인가
이 허전함은,
빈 가슴은?

미뤄 둔 숙제 무게 무거워?
중년의 풋사랑 피지 못하여?
사람이, 그래서, 술이 그리워?

아— 모를레라,
정녕 나 모를레라,
이국異國의 가슴 속에서.

2
꽃샘바람 불어치면
빈 가슴 채워질까?

시샘의 냉바람 속

하나 둘 고개 쳐들어,
꽃들이 미소 보내면?

빈 가슴,
이 빈 가슴 속으로.

새봄의 항행航行

제가 세 들어 사는 영국,
자그만 정원의 집에도
개나리며 수선화며
또 이름 모를 자그만 이쁜 꽃들이
앞 다투어 봄비를 맞이합니다.
철없이 자그만 이쁜 딸아이는
꽃들과 어울려 노는 것만으론
성이 차지 않는 듯, 꽃들마다 하나씩
제 어미 몸에서 떼어내어
자기와 더불어
자그만 꽃동산을 꾸미고자 합니다.
'제국주의적' 심성이라
나무라지 마시옵고
이 아이의 작은 욕망을
용서해 주소서.

이 아이를 용서해 주시듯
저의 정화되지 않은

몸 마음 함께 용서해 주시옵고,
어지러운 세상 꿈 속,
봄비와 더불어, 봄꽃들과 더불어
순정純正한 새봄의 항행, 출발토록
부드럽게 다그쳐 주소서.

하오나 무엇보다도
멀리, 제 핏줄의 조선 사람들,
당할 만큼 당하고 겪을 만큼 겪은
슬픔과 아픔의 역사,
식민지적 혹은 신식민지적 질곡에서
이제는 벗어나게 하여 주시옵고,
그들에게 포근한 새 희망의, 순정한,
새봄의 항행을,
허락하여 주시옵소서.

향수 鄕愁

이른 아침의 이층 공부방에서
새 소리에 홀려,
보던 책 덮어두고 창 밖을 내다본다.
(지금이 어느 때인가?)

줄지어 선 사철나무,
더불어 뒤뜰 한켠에는
개나리꽃 노랗게 피어나고,
수선화도 피어나고,
옆에서는 갈대꽃이 바람에 나부낀다.
마당을 뒤덮은 파란 잔디 위에는
무서리가 내려 있다.
(분명 여름은 아니군!)

이름처럼 이쁜 채영彩瑛이,
우리 채영이, 유치원 갈 준비로 수선떨고,
커 버려 덜 이쁜 아들 녀석,
덜 깬 눈 부비면서 자전거에 올라탄다.

(공부쟁이 애들 엄마,
애들 빨리 보내 놓고
논문 쓸 생각에 바쁘고.)

오호호 으흐흐흐 이것이 행복인가,
이것이 영국식 가정의 행복인가,
전망 좋은 영국의 공부방이여,

사철 뚜렷한 내 나라 산천이여!
(그런데 지금은 누구 땅?)

어지러운 봄꿈

봄이라 고국 소식 한결 뒤숭숭,
호주머니 흔들림에 정치꾼 가세하니,
야당 출신 새 대통령 총리 지명 못하고,
부도 직면 대학 재벌, 교수 임금 없다 한다.
― 이국異國의 새봄이여, 싱숭생숭 봄가슴이여.

간밤의 꿈자리
또 다시 그 과거로,
제대 후 되풀이 꾸던,
제대 후 자꾸, 또 자꾸,
군에, 끌려가던, 악몽.
― 이국의 새봄이여, 싱숭생숭 봄가슴이여.

끌려가 있는 동안 세상 떠난 어머니,
한족의 어머니다 이 슬픔의 어머니,
봄꿈 속에 다시 살아, 다시 죽는 어머니.
― 이국의 새봄이여, 싱숭생숭 봄가슴이여.

장례식 끝나
돌아간 대학, 연구실 폐쇄되고,
복도의 캐비닛 앞 이름표 아래
보던 책들 스산히, 널려 있는 꿈자리.
— 이국의 새봄이여, 싱숭생숭 봄가슴이여.

유적流謫의 봄비

몹시 취한 나라와 술싸움에 취해,
눈먼 사람들과 눈먼 싸움에 취해,
바다 건너, 고절孤絶의 정원 속으로
자기 유배 떠났는가?

시정詩情과 시흥詩興의 봄비,
꽃과 나무와 새들에게, 바람에게,
오늘, 영감靈感 비켜 내리는구나.

고탑孤塔 속의 플라톤주의자?
자위의 의미주의자?
책장 넘기기, 서성이기, 머리 돌리기의
대답 없는 되풀이, 메마른 유적.

유적의, 한잔 술,
유적의, 한잔 술동무의, 이 목마름!

원국의 봄비 속,
신라국 장인어른께 올리는 글월

아담한 정원국庭園國의 봄비가
신라국의 장인어른, 한결 간절하게 합니다.
부산 여자
부재증명도 없이 부산의 중심에서
신라의 변경으로 옮기셨으니,
화랑이들은 부산 여자만큼 이쁜가요?

옥란초 장모님 건재하시고,
운韻피리 부는 처남,
헌 솥, 헌 병 같이 정情때 묻은 처남,
혀의 배경에 한 없이
신라도 차고 다니는 처남이랑,
송이송이 눈과 혀 굴리는 처형,
백제국 서동요 차 버리는 선화공주님,
또 몽고 초원 말달리던 현숙의 선구 처제랑,
모두 모두 무사 평안이겠지요?

사위 녀석은 영령怜怜하신 따님과,
따님께서 제게 안겨 준, 눈깔사탕 사주고 싶은,
저희 집 최고의 독재자 채영彩瑛 공주랑,

컴퓨터 벌레 재룡 건달이랑,
오랜만에 처음인 듯, '가축적'인 살림을
살아보고 있습니다. 그래도,
가축으로만 살 수는 없어, 동무 없음에
술에서 강제 해방 당하여, 이따금
창 밖의 술이랑 사람들이 그리운 듯,
"그대는 꽃을 마시는가",
노래 불러봅니다.

그대는 꽃을 마시는가*.
꽃을 마시는가.

사랑하던 것들, 저만치
소중하던 것들, 저만치

미워하던 것들,
절망하던 것들, 저만치,

겨울비 속 캠 강변
낮은 목소리의 이름 모를

낯모를 사람들 사이

홀로이,
말없이 술에서 해방,
반쯤 낙동 꿈꾸며

그대, 무슨 꽃을 마시는가.
무슨 꽃을 마시는가.

언제나 거기 계시는 것만으로도
든든함을 주시는 장인 어르신,
거친 세상 풍파 속, 언제나 거기,
그렇게, 계셔 주시옵소서.
봄바람이 흐르고,
여름 소나기 내리붓고,
구월이 오는 소리 나직이 들려올 때면
불초 소생, 인제 소식 더불어 한 병 술 들고,
백양산 자락 찾아뵙겠습니다.

* '그대는 꽃을 마시는가' 는 자작시

캠 강변의 술 노래

바다 밖의 술

바다 밖에 사람 없고, 사람 밖에 술 없고,
술 없고 사랑 없고, 미움 없고 술 없고,
어즈버 사람들이여, 창밖의 술들이여

낙동강 술노래

술노래는 그 어디에, 캠 강변에 비 오는데,
그 술노래 그 어디에, 우는 강물 홀로 두고,
낙동강 술노래여, 자전거 타고 어딜 갔나.

그대는 행복한가

중독 없이 못 살겠네, 사랑 없이 못 살겠네.
술 중독 사람 중독, 벗어난 지 얼마 만에,
책 중독 중증이니, 행인가 불행인가.

열매 없는 열정

술 마시는 싸움을, 세게 취한 나라와,
그대 한 번 접어 두고, 바다 밖을 나왔으매,
상기도 사랑하는가, 완고히 취한 그 나라를?

창 밖의 술

바다 밖을 나오니 사람이 없어지고,
애증 따라 술도 따라 저 바다 건너편,
술 좇는 사람들이여, 창 밖의 술들이여

안과 밖

술 밖에 술이 없고 술 속에 술이 없고,
안팎으로 술 없으니 안과 밖이 달리 없고,
아흐아 영미 문학 안과 밖이 따로 없고

낙동강 술노/고래

술노/고래는 어디 갔나. 캠 강변에 비 오는데,
그 술노/고래 어디 갔나. 우는 강물 홀로 두고,
낙동강 술노/고래여, 자전거 타고 책방 갔나.

교수열전教授列傳
— 신라대 M교수

헌 솥 헌 병 같이 정겨운 선생님,
사랑의 이유를 꿰뚫는 도사 같은 선생님,
누가 뭐래도 옳은 길이라면
두 팔 걷어붙이시는 선생님,
제자 사랑 지극하여
잠시 뜻밖 고초 겪으시는 선생님,

어이하여 어린 제자 그토록
사랑하셨나요,
보통 교수답지 않게시리?

선생님은 선생님일 뿐,
희롱은 오직 희롱일 뿐,
누가 간섭할 일 아니건만
세상이 인간 세상이라, 이러쿵저러쿵,
보통 인간들 이해를
거부하시는, 거부당하시는, 초월하시는 선생님,

술 한 잔 끝자리 어린 제자 앞에 두고
지극 사랑 분출하여
스스럼 없으셨던 선생님,

세월이 흘러 아이들 자라고
세월이 또 흘러 그 아이들 철들면
마침내 지극 제자 사랑
오해 아닌 이해받으실 선생님,

잠시 눈감고 술 감고 세상 감고
기다려 주십시오
제가 한 잔 사 들고 찾아뵙겠습니다
탕탕蕩蕩

고정석 교수의 빈자리

얼어붙은 한겨울
말없이 느닷없이 그는 떠났다.
좋아하던 어느 시인의 말처럼
아름다운 이 세상 소풍 끝내고
훌훌 하늘로 돌아간 것일까.

사랑하는 처자식 붉은 먼지 속 던져두고
함께 뒹굴던 동료들에게 제자들에게
한 마디 작별 인사 없이
영영 하늘로 돌아간 것일까.

연구실의 주인 잃은 책들이 얼굴 가리고 운다.
컴퓨터에 저장된 파일들이 돌아앉아 작업을 거부한다.
출석부 속 이름들이 하나씩 밖으로 걸어 나와
햄릿처럼 리어처럼 서성대며
집 떠난 순수한 열정을 외쳐 부른다.

서녘 하늘 태양이 숨넘어가고 붉은 노을이 운다.

미완의 저녁 하늘 아스라이 소슬한 솔바람 소리
산짐승 쾡한 울부짖음 위로
밝은 별 둘 나란히 반짝인다.

그대 밤하늘 고정석이시여,
이별 없는 슬픔 없는 그쪽 세상에서
셰익스피어 더불어 소네트 이야기하며
천진난만한 웃음 속
한잔 술이라도 나누는 중이십니까,
지금 그리고 영원히?

채 교주敎主의 탁차통*1)
― 채희완 교수에게

술 없이 종교 없고
마당 없이 교주 없다.

믿음 없고 소망 없고 사랑 없고,

우리 없다.

낮 강단에 광대 서고
밤무대에 서생 서니,
이 아니 탁차통?

한양만이 아니라,
동래만이 아니라,
한양 천리 역사마다
즐비한 간이 주막들이여,

상기도 채 교주
마당판은 홍성원*2)한가?

상기도 우리 교주

교주教酒가 춤추는가?

*1) 탁차통: 채 교수의 표현. '탁월한 차원의 통일'
*2) 홍성원: 채 교수의 부인. 서울의 마당극 집단 '한두레'의 초창기 멤버로서, 아직도 '끼'가 살아 부산의 마당판을 한 번씩 풍성하게 해줌.

외로움의 끝
― 한기욱 교수에게

사랑의 끝에는 빈 가슴이 남고,

외로움의 끝에는 무엇이 남을까,
빈 술병? 텅 빈 책?

아니면, 씌어지지 않은
편지? 끼욱 끼욱.

그때 그 사람
― 오상훈 교수에게

가로등도 졸고 있는
케임브리지 강변에서
두 손을 마주잡고

노래하고 싶어도
그 사람은 없어라

아 사람이여
그 사람이여
지금도 집 떠날 채비
연구실 떠날 준비
끝나지 않으셨는가

애란에서 만난 사랑
탐라에서 만난 사랑
그 어이 다르리요

옆 사람 한잔 되면

제 콧물로
콧물 닦아주는 사랑

아, 가죽피리 청아하니
청아하니, 그립구나
그립구나

무제라기보다, 녹색의 양김兩金
― 김태언* 교수에게

한때 기숙사 사감,

이제 귀여운 노인,
상글상글,
향하여?

상기도 푸르른, 철없이 푸르른,
녹색의 한 남편,
온 녹색 사랑 꿈?

녹색의 들판에서,
아니라 녹색 행성
남 앞당겨 먼저 타고?

주여, 우주여, 녹색 우주여,
저도 녹색주 몸껏
들이켜고 싶습니다.

* 남편=영문학자, 문학평론가이며 『녹색평론』 발행인 김종철 교수.

다소곳 여자
— 김종실 교수에게

언제나 말이 없던 그 여자
언제나 다소곳하던 그 여자
사람살이 외로움을 혼자 감추고
책 속에 얼굴 묻던 그때 그 여자

그러니까 생각해도 되겠지
그러니까 사랑해도 되겠지
언제나 변심 없는 그 여자
언제나 변신 없을 그 여자?

종실 종실 김종실
눈에 따다 물고요
하우하우 하우 아 유
봄나들이 하우* 리

혹시 그새 변심하여,
또는 변신하여,
법이 임자 정해 버린

몸 마음 된 건 아니겠지요?

하우하우 만나서
한 학기만에 떨어져,
사랑도, 정도,
차마 나누기 전에?
모르는 사이?

아 —
그러나,
겨울이 가고
봄이 오면,
재회의 여름 또한
멀리요?
꽃샘추위, 불어 대는
바람들이여!

* 하우夏雨는 이경수의 자작自作 호라고나 할까요?

정원의 비가
― 문현병 교수에게

아담한 정원의 나라,
한층 소담한 정원의 집,
꽃샘바람 속 봄비가 내린다.

창 밖 나무들 사이
날아다니는 작은 새여,
바람비 속에 저만치,
한 무리 수선화
고개 까딱인다.

워즈워스 아니라도 외롭기 짝이 없고,
소월 아니라도 애닯기 그지없네.

정원 들어와
어언 격절의 반년.

만해의 침묵의 님도,
예이츠의 이니스프리의 꿈도,

지금 나에겐 하릴없네, 하염없네.

아, 꽃이여 새여
님이여 꿈이여, 바람이여,

정신에 바람이, 불지 않는다.

설렁설렁 그대
― 수Su를 위하여

바다 밖 설렁설렁,
자전거 타고 설렁설렁,
마주친 그대! 설렁설렁,

그대 두 눈동자에는
새 세상 바람이 설렁인다.

아니, 그대 마주친 날
이 마음 썰렁썰렁,
설렁이는 두 눈 찾아
자전거 타고 썰렁썰렁,
썰렁풍 타고 썰렁썰렁,
세인스베리 썰렁썰렁,
밀로드 썰렁썰렁.

그런데, 설렁설렁
내 마음에, 썰렁썰렁
살랑바람, 설렁설렁
불어오면 어떡하지,
살랑살랑, 바다 밖에서?

고독의 고수
― 송재균 형께

1
아라비아 사막에서 아메리카까지,
아메리카에서 사우스 코리아,
자그만 골짜기까지, 고독이여 영원하라.
고독 속의 아름다움이여,
미의 전형이여, 그대 또한 영원하라.

담배 주세요, 한 마디뿐,
몇 날 입을 열지 않는 고독의 고수,
혹은 자선自選의 미 추구 밖,
중독되는 바 하나 없는 자유의 미의 사도,

또는 뫼르소여, 안녕하신가?
여성미의 전형, 그 홈모님은? 또 토끼는?

2
이 바람 속에서, 썰렁한 겨울바람 속에서,
천 달러를 눈 깜짝 사이,

오백 달러로 바꿔 버리는
대미 제국 딜러의, 위풍 찬 한가운데서?

아이 엠 에프 한파에
눈 깜짝, 긴 감기 드는 나는, 나는,
아이 엠 에프 I am F?

3
그러나 고독이여, 영원하라.
아름다움이여 영원하라.
아메리카에서 아프리카까지,
유럽 지나, 시베리아를 지나,
북극까지 남극까지,
사우스 코리아까지, 노스 코리아까지,

내 마음 한가운데까지!

■ 신문 기사

세속적 한계 뛰어넘은 자유 영혼

"돌연한 부음에 접한다. 영문학자이면서 '낙동강 흘러흘러 어디로 가나'라고 노래했으니, 그는 나에게 낙동강의 시인이기도 했다." 문학평론가 황국명 인제대 교수가 최근 나온 계간《작가와 사회》2006년 봄호 권두 에세이의 말미를 감회로 적셔 놓은 한 구절이다.

지난달 16일, 지병으로 51세의 안타까운 나이로 작고한 이경수 인제대 교수. 그는 문학평론가인 동시에 문학평론가가 아니었고, 시인이었으되 시인이 아니었고, 활동가였으되 활동가가 아니었다. "그 모두를 넘어서는 게 그의 삶이었다"는 게 그를 아는 지인들의 말이다.

한기욱 인제대 교수는 "그는 보통 인물이 아니었다"고 했다. 고인은 평론과 시 쓰기, 민족극 운동, 부산경남민교협 활동 등을 헌신적으로 넘나들었지만 어느 한 틀에 얽매이지 않았다고 한다. 그는 세속의 성과로는 말하기 어려운, 인간의 전 면목을 볼 때 한 차원 다른 삶을 살다갔다는 것이다. 한 교수는 "그는 자유로운 예술가 정신을 삶으로 살았을 뿐"이라고 했다. 1980~90년대 민족극 운동 등을 함께했던 이현석 경성대 교수는 "고인은 요즘 세상에서 보기 힘든 이타적 삶을 살다 가셨다"고 했다. 그는 명망에 전혀 관심 없이 자신을 많은 공적 실천 속에 가감 없이 내던졌다고 한다.

채희완(민족미학연구소장) 부산대 교수는 "그는 1980년대 후반 부산민족문화운동협회의 헌신적 일꾼으로 부산민족문화운동의 최일선에서 뛰었던 이"라고 했다. 또 "그는 예술가적인 정신이 올곧은 맑은 영혼의 소유자였다"고 채 교수는 기억했다.

고인은 영시英詩, 시인 예이츠를 전공했다. "아일랜드인 예이츠는 아름다움과 운동을 결합했던 이였다. 아름다움, 예술과 운동의 결합, 그것이 고인이 살다 가신 삶이다"라고 한기욱 교수는 말했다.

이현석 교수의 말이다. "아직도 쓸쓸합니다. 그 쓸쓸함을 달래기 위해 고인의 유고를 모아 책을 내보려는데 그게 고인의 뜻에 맞는 일인지는 모르겠습니다." 고인은 일체의 고통을 드러내지 않고 아주 의연하게 눈을 감았다는 게 유족의 말이다.

— 최학림 기자 (《부산일보》 2006년 4월 4일자 문화산책)